모두
블록
코딩

나만의 블록 조립 연구소

엔트리

메이커

창의코딩연구소 지음

초판 발행일 | 2018년 5월 15일

2쇄 발행일 | 2020년 1월 20일

지은이 | 창의코딩연구소, 이호

펴낸이 | 박재영

총편집인 | 이준우

기획진행 | 최윤희

㈜해람북스   주소 | 서울시 용산구 한남대로 11길 12, 6층

문의전화 | 02-6337-5419   **팩스** 02-6337-5429

홈페이지 | https://class.edupartner.co.kr

발행처 | (주)미래엔에듀파트너   **출판등록번호** | 제2020-000101호

ISBN 979-11-88450-20-6 13000

나만의 블록 조립 연구소

자신이 스스로 코딩하여 만든 작품에 제목을 붙여 보세요. 그리고 코딩할 때 사용했던 명령 블록을 떠올려 함께 작성해 보세요.

연구 **1**	• 제목 :
	• 주요 명령 블록 :
연구 **2**	• 제목 :
	• 주요 명령 블록 :
연구 **3**	• 제목 :
	• 주요 명령 블록 :
연구 **4**	• 제목 :
	• 주요 명령 블록 :
연구 **5**	• 제목 :
	• 주요 명령 블록 :
연구 **6**	• 제목 :
	• 주요 명령 블록 :
연구 **7**	• 제목 :
	• 주요 명령 블록 :
연구 **8**	• 제목 :
	• 주요 명령 블록 :
연구 **9**	• 제목 :
	• 주요 명령 블록 :
연구 **10**	• 제목 :
	• 주요 명령 블록 :

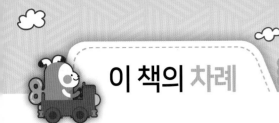

이 책의 차례

CONTENTS

순차 : 애니메이션 만들기

● 순차 구조에 대한 개념을 이해합니다.
● 긴 스토리의 애니메이션을 제작하기 전에 미리 스토리보드를 작성하여 스크립트를 구성합니다.
● 주인공들의 대사와 행동이 서로 어긋나지 않게 시간을 계산하여 '2초 기다리기' 기능을 활용하는 방법에 대해 알아봅니다.

• 예제 파일 : 01-1.ent   • 완성 파일 : 01-1(완성).ent

미션 문제 해결 과제 | 순차

필요한 오브젝트	주요 명령 블록

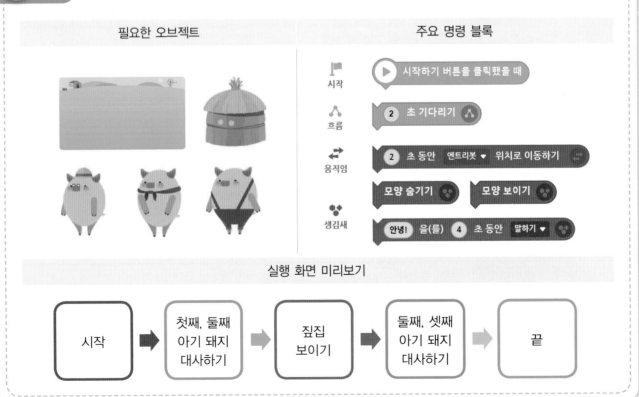

실행 화면 미리보기

시작 ➡ 첫째, 둘째 아기 돼지 대사하기 ➡ 짚집 보이기 ➡ 둘째, 셋째 아기 돼지 대사하기 ➡ 끝

❶ 코딩을 하기 전에 애니메이션의 스토리보드를 작성합니다.

시간 총 15초	오브젝트 행동			
	짚집	첫째 아기 돼지 (모자)	둘째 아기 돼지 (목도리)	셋째 아기 돼지 (청바지)
시작	모양 숨기기	시작하기		
2초	4초 기다리기	2초 말하기	2초 기다리기	13초 기다리기
2초		2초 기다리기	2초 말하기	
2초	모양 숨기기	2초 말하기	2초 기다리기	
2초	–	2초 기다리기	2초 말하기	
2초	–	2초 말하기	–	
3초	–	이동하며 퇴장		
2초	–		–	2초 말하기
끝	장면 종료			

Tip

스토리보드에서 제일 중요한 것은 주인공(오브젝트)들이 정해진 순서에 따라 대사하고, 행동하는 시간을 잘 계산하는 것입니다. 몇 초 동안 기다렸다가 다음 주인공(오브젝트)이 대사나 행동을 해야 하는지 잘 정해 주어야 자연스럽고 효율적인 애니메이션을 만들 수 있습니다.

2 코딩하기

❶ [오브젝트 목록] 창에 있는 엔트리봇 오브젝트를 ☒(삭제)하여 장면을 깨끗하게 합니다.

❷ '01-1.ent' 예제 파일을 불러옵니다. '짚집' 오브젝트를 선택합니다. 짚집은 첫 장면에 등장하지 않기 때문에 [시작]의 `시작하기 버튼을 클릭했을 때`와 [생김새]의 `모양 숨기기`를 연결하여 [실행] 창에 보이지 않도록 합니다.

❸ [흐름]의 `2 초 기다리기`를 연결하고, 짚집이 '첫째 아기 돼지'의 "와! 다 지었다!" 대사 후 나타나도록 '4초'로 변경합니다. 그리고 [생김새]의 `모양 보이기`를 연결해서 '짚집'이 보이게 합니다.

❹ '첫째 아기 돼지' 오브젝트를 선택합니다. 그리고 [시작]의 ▶ 시작하기 버튼을 클릭했을 때 와 [생김새]의
안녕! 을(를) 4 초 동안 말하기 ▼ 를 연결한 후, 대사는 "짚으로 집을 지어야지! 영차!"로, 시간은 '2초'로
변경합니다.

❺ '둘째 아기 돼지'와 대사가 겹치지 않도록 2 초 기다리기 와 안녕! 을(를) 4 초 동안 말하기 ▼ 를 각각 2개
씩 연결합니다. 대사를 "와! 다 지었다!"와 "집으로 들어갈까?"로 변경하고, 시간을 '2초'로 변경합
니다.

 처음 오브젝트를 불러올 때의 크기는 '100'이고요~. 배경은 실행 화면에 꽉 차는 크기인 '375'랍니다. 오브젝트의 크기는 마우스
로 조절점을 끌어 옮겨 조절하거나 오브젝트 목록의 연필 모양 [수정] 버튼을 눌러 값을 직접 입력할 수 있으니 활용해 보세요!

❻ '첫째 아기 돼지'가 이동하며 퇴장하는 장면을 위해 [움직임]의 `2 초 동안 엔트리봇 ▼ 위치로 이동하기`를 연결합니다. 그리고 시간을 '3초' 동안으로, 이동 위치는 목록 버튼(▼)을 클릭하여 '짚집'으로 변경합니다.

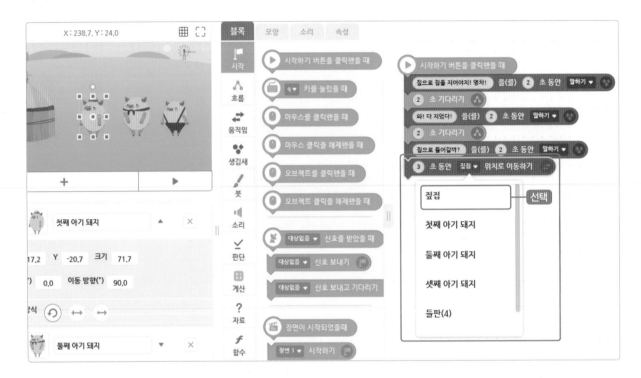

❼ '둘째 아기 돼지' 오브젝트를 선택합니다. '첫째 아기 돼지'의 대사와 겹치지 않도록 [흐름]의 `2 초 기다리기`를 먼저 연결하고, [생김새]의 `안녕! 을(를) 4 초 동안 말하기 ▼`를 연결한 후, 대사는 "어떤 모양의 집일까?"로, 시간은 '2초'로 변경합니다.

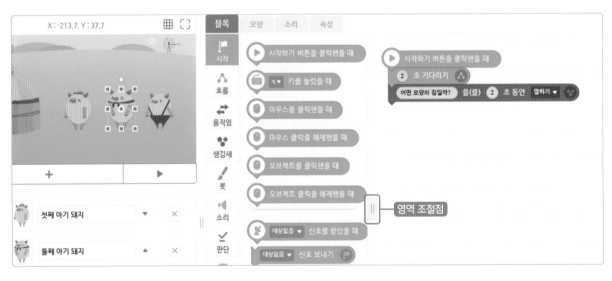

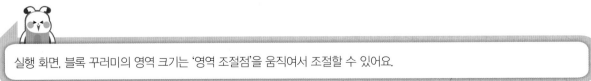

실행 화면, 블록 꾸러미의 영역 크기는 '영역 조절점'을 움직여서 조절할 수 있어요.

⑧ 이어지는 '둘째 아기 돼지'의 나머지 대사도 연결해 봅니다. [흐름]의 `2 초 기다리기` 와 [생김새]의
`안녕! 을(를) 4 초 동안 말하기` 를 연결하고, 대사는 "집이 예쁘다!"로, 시간은 '2초'로 변경합니다.

⑨ '셋째 아기 돼지'를 선택합니다. 마지막 대사를 연결하기 위해 [흐름]의 `2 초 기다리기` 와 [생김새]의
`안녕! 을(를) 4 초 동안 말하기` 를 연결하고, 대사는 "우리도 집을 지으러 가자!"로, 시간은 '2초'로 변경
합니다.

오브젝트 목록에서 '첫째 아기 돼지' 오브젝트가 '짚집'보다 위에 있을 경우, '첫째 아기 돼지'가 가려지지 않아 '짚집'으로
들어가는 것처럼 보이지 않습니다. 이런 경우에는 '짚집' 오브젝트를 클릭한 상태로 리스트의 맨 위로 끌어 올려서, 오브
젝트의 순서를 변경하면 됩니다.

더 만들어 보기

예제 **1** 예제 파일을 불러와 다음의 조건에 맞게 코딩을 완성해 보세요.

조건
① 스토리보드를 이용해서 대사를 작성하고 코딩을 합니다.
② '둘째 아기 돼지'가 집을 짓는 순서를 '셋째 아기 돼지'에게 설명하는 대사를 넣습니다. (집 짓는 순서 생각해 보기)

• 예제 파일 : 01-2.ent   • 완성 파일 : 01-2(완성).ent

예제 **2** 예제 파일을 불러와 다음의 조건에 맞게 코딩을 완성해 보세요.

조건
① 스토리보드를 이용해서 대사를 직접 작성하고 코딩을 합니다.
② '늑대'는 흙 길로 순차적으로 한 칸씩 이동할 때마다 대사를 합니다.
③ '늑대'가 아기 돼지를 찾기 위해 과일 가게의 '토끼'에게 셋째 아기 돼지 집이 어디인지 물어본 후, 셋째 아기 돼지 집에 도착하는 이야기를 표현합니다.

• 예제 파일 : 01-3.ent   • 완성 파일 : 01-3(완성).ent

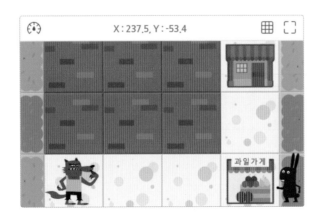 

Chapter 02

순차 : 장면이 바뀌는 애니메이션

- 순차 구조와 [속성]의 신호에 대한 개념을 이해하고 활용합니다.
- 한 장면의 이야기가 끝나면 다음 장면으로 넘어가는 '장면 추가', '다음 장면 시작하기', '장면 1 시작하기', '장면이 시작 되었을 때' 기능을 활용해서 순차적으로 원하는 애니메이션을 연출합니다.

학습목표

• 예제 파일 : 02-1.ent • 완성 파일 : 02-1(완성).ent

미션 문제 해결 과제 | 순차, 신호

필요한 오브젝트	주요 명령 블록

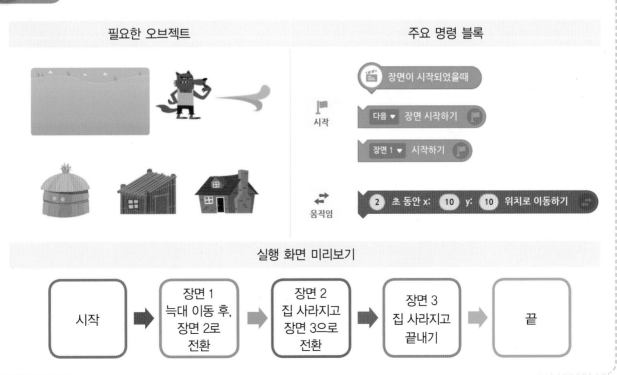

실행 화면 미리보기

시작 → 장면 1 늑대 이동 후, 장면 2로 전환 → 장면 2 집 사라지고 장면 3으로 전환 → 장면 3 집 사라지고 끝내기 → 끝

❶ '02-1.ent' 예제 파일을 불러옵니다. '늑대인간' 오브젝트를 선택합니다. **[시작]**의 〔 장면이 시작되었을때 〕
와 **[생김새]**의 〔 안녕! 을(를) 4 초 동안 말하기 ▼ 〕를 연결하고, 말풍선을 "첫째 아기 돼지의 집부터 가야겠
어."를 입력합니다. 그리고 '2초' 동안 말하기로 변경합니다.

❷ **[움직임]**의 〔 2 초 동안 엔트리봇 ▼ 위치로 이동하기 〕를 연결한 후, 이동 위치를 '짚집1'로 변경하고, **[시작]**의
〔 다음 ▼ 장면 시작하기 〕를 연결합니다. 그리고 장면 옆의 [+]를 클릭하여 [장면 2]~[장면 3]을 추가합니다.

❸ [장면 2]~[장면 3] 각 장면에 오브젝트를 추가합니다.

❹ [장면 2]에서 '늑대인간1' 오브젝트를 선택합니다. 그리고 [시작]의 📋 장면이 시작되었을때 와 [생김새]의
안녕! 을(를) ④ 초 동안 말하기 ▼ 를 2개 연결한 다음, "집을 날려 버려야지!"와 "후~"를 각각 입력하고,
시간을 '2초'로 변경합니다.

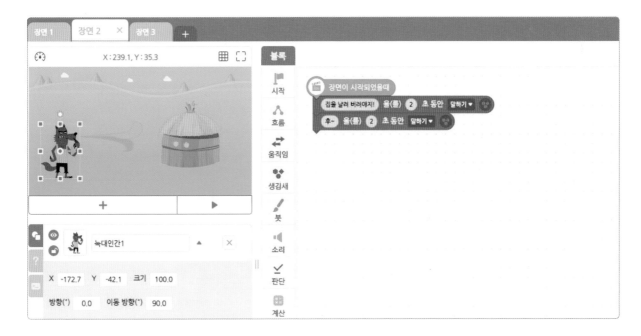

❺ '바람' 오브젝트를 선택합니다. '바람'은 늑대가 대사하는 '2초' 동안 숨었다가 [실행] 창에 나타나기 때문에 [시작]의 ⟨ 장면이 시작되었을때 ⟩와 [생김새]의 ⟨ 모양 숨기기 ⟩, [흐름]의 ⟨ 2 초 기다리기 ⟩와 [생김새]의 ⟨ 모양 보이기 ⟩를 연결합니다.

❻ 이어서 [흐름]의 ⟨ 2 초 기다리기 ⟩와 [생김새]의 ⟨ 모양 숨기기 ⟩를 연결하여, '바람' 오브젝트가 '2초' 동안 나타났다가 사라지게 합니다.

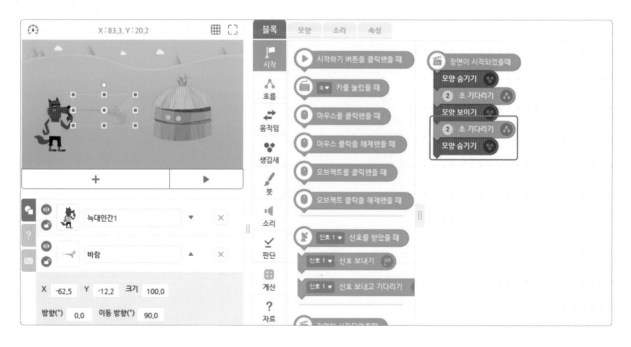

❼ '짚집2' 오브젝트를 선택합니다. '짚집2'는 '바람'이 사라진 뒤 나타나기 때문에 [시작]의 [장면이 시작되었을때], [흐름]의 [2 초 기다리기], [움직임]의 [2 초 동안 x: 10 y: 10 위치로 이동하기]를 연결합니다. 그리고 '4초' 동안 기다렸다가 나타나 '2초' 동안 'x : 200', 'y : 0'로 이동하도록 변경합니다.

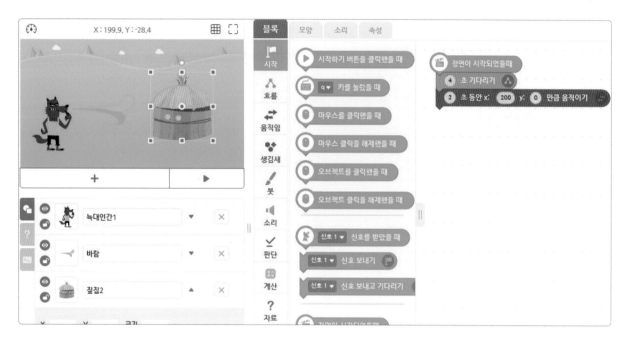

❽ 다음 장면이 시작될 수 있도록 [시작]의 [다음 ▾ 장면 시작하기]를 연결합니다.

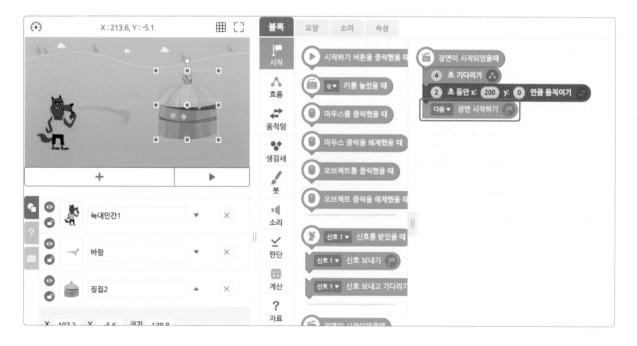

❾ [장면 3]을 클릭한 후, 앞의 ④~⑦번까지의 코딩 과정을 반복해서 [장면 3]을(완성)합니다.

코딩 과정 반복하기

① [장면 2]의 '늑대인간1', '바람', '짚집2', '들판(3)' 오브젝트를 선택한 다음, [블록 조립소]에서 작성한 명령 블록을 마우스 오른쪽 버튼을 클릭하여 [코드 복사]를 선택합니다.

② [장면 3]을 선택한 후, '늑대인간2', '바람1', '통나무집2', '들판(3)4' 오브젝트의 [블록 조립소]에서 마우스 오른쪽 버튼을 클릭하여 각각 [붙여넣기]를 합니다.

예제 **1** 예제 파일을 불러와 다음의 조건에 맞게 코딩을 완성해 보세요.

조건

① (예제) 02-1에 [장면 4]를 추가해서 셋째 아기 돼지의 벽돌집 장면을 표현합니다.

② [장면 3]에서 [장면 4]로 장면이 변하는 명령 블록을 추가합니다.

③ 늑대가 "후~" 하고 부는 바람에도 '벽돌집'이 날아가지 않으므로, 대사를 추가합니다.

• 예제 파일 : 02-2.ent   • 완성 파일 : 02-2(완성).ent

예제 **2** 예제 파일을 불러와 다음의 조건에 맞게 코딩을 완성해 보세요.

조건

① [장면 1] 공항에서 비행기를 타고 [장면 2] 남극, [장면 3] 중국, [장면 4] 이집트로 여행합니다.

② 비행기가 다음 장면으로 이동하면서 나라 이름을 계속 말합니다.

③ 마지막 [장면 4] 이집트에서 [장면 2] 남극으로 이동해서, 끝나지 않고 계속 반복되는 여행을 합니다.

• 예제 파일 : 02-3.ent

• 완성 파일 : 02-3(완성).ent

Chapter 03

즐거운 코딩 ①

재미 up 창의력 up

웹북 만들기

다음의 조건을 이용해 코딩을 완성해 보세요.

① 「아기 돼지 삼 형제」 동화의 장면에 둥근버튼 (▶) 오브젝트를 추가해서 ▶를 클릭하면 '다음 장면'으로 넘어가는 웹북을 만듭니다.

② 다음 모양인 ▶ 오브젝트를 회전시켜서 이전 모양의 ◀ 오브젝트로 변경한 후, ◀를 클릭하면 '이전 장면'으로 되돌아갑니다.

③ 마지막 장면에 처음부터 오브젝트를 클릭하면 처음 장면인 [장면 1]로 이동합니다.

• 예제 파일 : 03-1.ent　　• 완성 파일 : 03-1(완성).ent

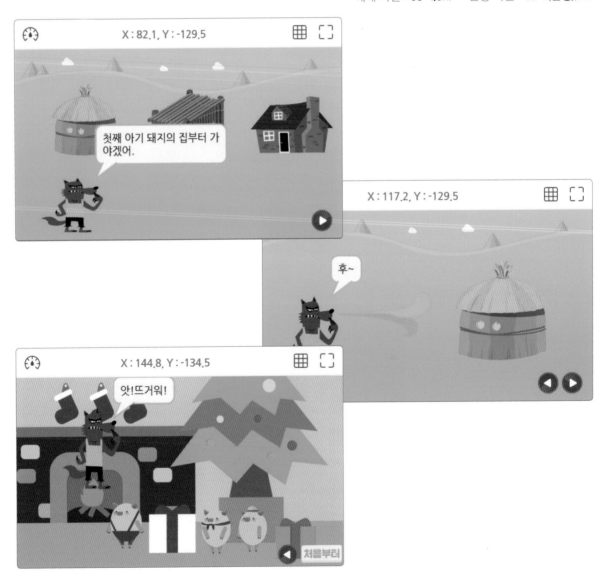

⭐ 코딩 이야기

❶ 동화책의 책장을 넘기는 것처럼 [장면 1]~[장면 6]까지에 '다음' 또는 '이전 장면'으로 넘길 수 있는 버튼을 추가
합니다.

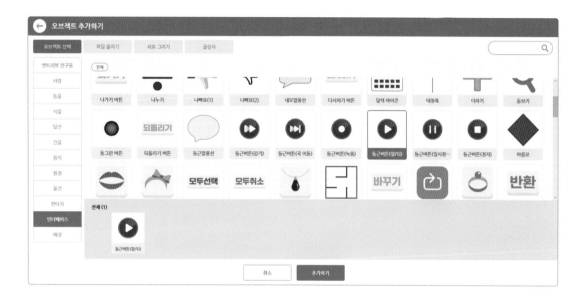

❷ '다음 장면'으로 넘기는 버튼을 코딩합니다.

❸ 장면이 모두 연결된 이야기이므로 [장면 2]~[장면 6]까지에 '이전 장면'으로 넘어
갈 수 있는 '둥근버튼' 오브젝트도 추가합니다. '다음 장면'으로 넘어갈 수 있는
'둥근버튼' 오브젝트를 추가한 후, 화살표가 가리키는 '방향점'을 마우스로 클릭하여
180° 돌려서 방향을 ◀ 모양으로 변경하고, 크기도 알맞게 조절합니다.

❹ ◀ 오브젝트를 선택하고, '이전 장면'으로 갈 수 있도록 코딩합니다.

'둥근버튼' 오브젝트의 모양을 변경할 때에 직접 오브젝트를 선택하여 방향점을 기울이는 방법 이외에 다음과 같이 [모양]
탭에서 선택하여 변경하는 방법도 있습니다.

① 다음 장면 : 오른쪽 방향 버튼

② 이전 장면 : 왼쪽 방향 버튼

❺ [장면 6]에 [인터페이스]의 '처음부터 버튼' 오브젝트를 선택하고 [적용하기] 버튼을 클릭합니다.

❻ 처음부터 를 선택하고 코딩합니다.

반복 : 반짝이는 우주의 별

● 반복 구조에 대한 개념을 이해합니다.
● 반복하기 블록이 감싸고 있는 블록들이 계속해서 또는 설정한 횟수만큼 반복해서 실행되는 방법을 알아봅니다.
● 무작위 수 만들기 기능을 활용하여 위치가 변경되면서 반짝이는 별을 표현합니다.
● 키보드의 숫자나 문자를 눌렀을 때 원하는 작업이 실행되는 방법에 대해 알아봅니다.

• 예제 파일 : 04-1.ent   • 완성 파일 : 04-1(완성).ent

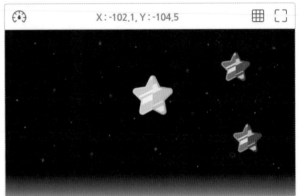

🐰 **미션** 문제 해결 과제 | **순차, 반복**

필요한 오브젝트	주요 명령 블록

시작 🏴 : q▼ 키를 눌렀을 때

흐름 ⋀ : 계속 반복하기 ⋀   10 번 반복하기 ⋀

움직임 ⇄ : x: 0 y: 0 위치로 이동하기 ⇄

계산 🔢 : 0 부터 10 사이의 무작위 수

실행 화면 미리보기

시작 ➡ '노란색 별' 계속해서 반짝이기 ➡ '빨간색 별' 위치 바꾸며 계속 반짝이기 ➡ '빨간색 별' 설정된 횟수만큼 반짝이기 ➡ 끝

❶ '04-1.ent' 예제 파일을 불러옵니다. 별이 깜박이며 빛나는 것을 나타내기 위해 '큰별(노랑)' 오브젝트를 선택하고, [시작]의 ▶ 시작하기 버튼을 클릭했을 때 와 [흐름]의 ↺ 를 연결합니다.

❷ 계속 반복하기 ↺ 안에 [생김새]의 모양 숨기기 와 [흐름]의 2 초 기다리기 ↺ , 모양 보이기 를 다음 그림과 같이 연결하고, 시간을 '1초'로 변경합니다.

❸ '큰별(노랑)' 오브젝트의 [블록 조립소]에서 작성한 명령 블록에 마우스 오른쪽 버튼을 클릭하여 [코드 복사]를 선택합니다.

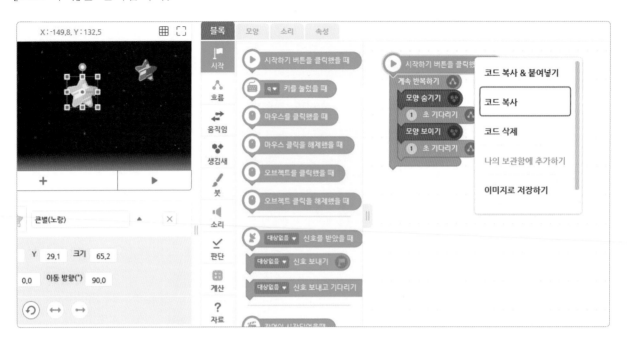

❹ '큰별(빨강)' 오브젝트를 선택합니다. 그리고 ③에서 복사한 코드를 붙여 넣기 위해 [블록 조립소]에서 마우스 오른쪽 버튼을 클릭하여 [붙여넣기]를 선택합니다.

❺ '큰별(빨강)' 오브젝트가 위치를 옮기면서 깜박일 수 있도록 **[움직임]**의  를 와 사이에 끼워 넣습니다.

❻ **[계산]**의 를 의 x, y 좌표에 각각 끼워 넣습니다. x 좌표는 '-200부터 200'으로 변경하고, y 좌표는 '-100부터 100'으로 변경합니다.

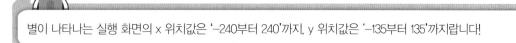

별이 나타나는 실행 화면의 x 위치값은 '-240부터 240'까지, y 위치값은 '-135부터 135'까지랍니다!

❼ '큰별(파랑)' 오브젝트를 선택하고, **[시작]**의  키를 눌렀을 때 를 드래그합니다. '큰별(파랑)'을 2번 깜박거리게 하기 위한 코딩이므로, 목록 버튼(▼)을 클릭하여 '2'를 눌렀을 때로 변경합니다.

❽ **[흐름]**의 10 번 반복하기 를 연결하고, 반복 횟수를 '2'로 변경합니다. 그리고 **[생김새]**의 모양 숨기기, **[흐름]**의 2 초 기다리기, **[생김새]**의 모양 보이기, **[흐름]**의 2 초 기다리기 를 끼워 넣고 시간을 '0.5' 초로 변경합니다.

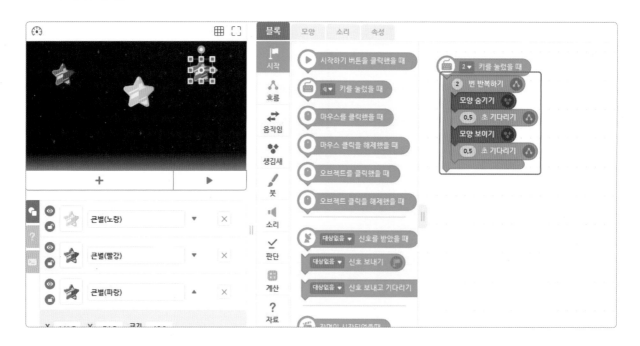

❾ '큰별(파랑)' 오브젝트가 입력한 조건에 따라 2번, 3번, 4번, 5번 반복해서 깜박일 수 있도록 다음 그림과 같이 [코드 복사 & 붙여넣기]를 선택합니다.

❿ [코드 복사 & 붙여넣기]를 3회 반복한 후, 다음 그림과 같이 키보드 입력 숫자와 반복하기 횟수를 변경하고 코딩을 마무리합니다.

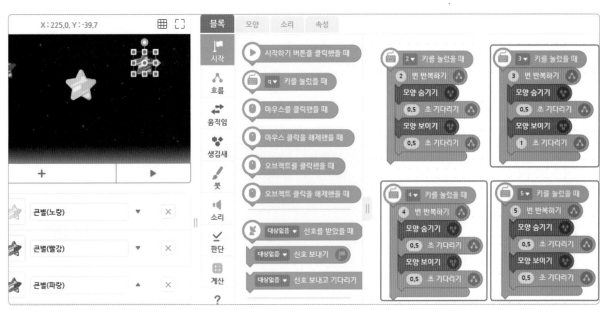

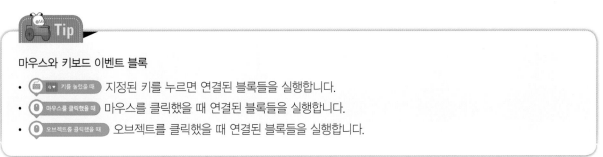

마우스와 키보드 이벤트 블록

- [q▼ 키를 눌렀을 때] 지정된 키를 누르면 연결된 블록들을 실행합니다.
- [마우스를 클릭했을 때] 마우스를 클릭했을 때 연결된 블록들을 실행합니다.
- [오브젝트를 클릭했을 때] 오브젝트를 클릭했을 때 연결된 블록들을 실행합니다.

Chapter 04 더 만들어 보기

예제 **1** 예제 파일을 불러와 다음의 조건에 맞게 코딩을 완성해 보세요.

조건
① 숫자 키보드를 누르면 입력된 숫자만큼 '두더지'가 나타났다가 사라집니다.
② '두더지'는 무작위로 위치를 바꾸면서 나타납니다.

• 예제 파일 : 04-2.ent • 완성 파일 : 04-2(완성).ent

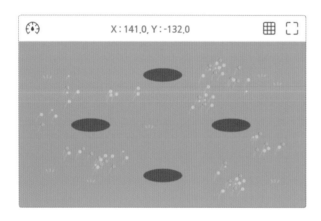
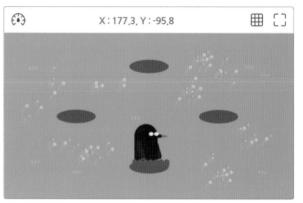

예제 **2** 예제 파일을 불러와 다음의 조건에 맞게 코딩을 완성해 보세요.

조건
① '들꽃(노랑)'이 무작위로 위치를 바꾸면서 나타납니다.
② '들꽃(노랑)'이 사라지지 않고 들판에 찍히도록 합니다. ([붓]의 도장찍기 이용)

• 예제 파일 : 04-3.ent • 완성 파일 : 04-3(완성).ent

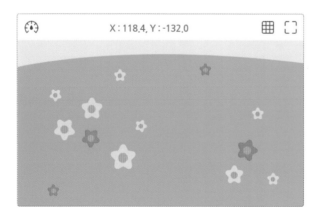

반복 : 드론으로 외계 행성 찾기

- 반복 구조에 대한 개념을 이해합니다.
- 특정한 조건이 '참이 될 때까지/참인 동안' 감싸고 있는 블록들을 반복해서 실행하는 방법에 대해 알아봅니다.
- 오브젝트의 이동 방향과 회전 방향에 대해 알아봅니다.
- 초시계 활용 방법에 대해 알아봅니다.

• 예제 파일 : 05-1.ent • 완성 파일 : 05-1(완성).ent

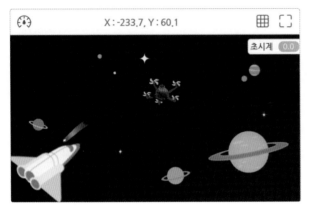

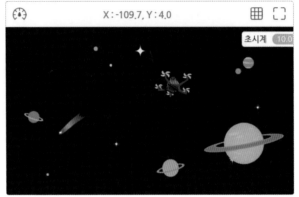

미션 문제 해결 과제 | 순차, 반복

필요한 오브젝트	주요 명령 블록

흐름 [참] [이 될 때까지 ▼] [반복하기]

이동 방향으로 10 만큼 움직이기

움직임 이동 방향을 90° 만큼 회전하기 · 화면 끝에 닿으면 튕기기

90° 방향으로 10 만큼 움직이기

판단 10 > 10

계산 초시계 시작하기 ▼

초시계 값

실행 화면 미리보기

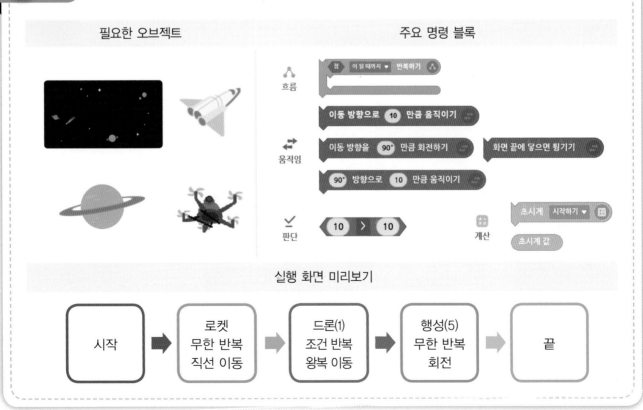

시작 → 로켓 무한 반복 직선 이동 → 드론(1) 조건 반복 왕복 이동 → 행성(5) 무한 반복 회전 → 끝

❶ '05-1.ent' 예제 파일을 불러옵니다. '로켓(2)' 오브젝트를 클릭하고, [시작]의 ▶ 시작하기 버튼을 클릭했을 때 ,
[흐름]의 🔁 를 연결합니다.

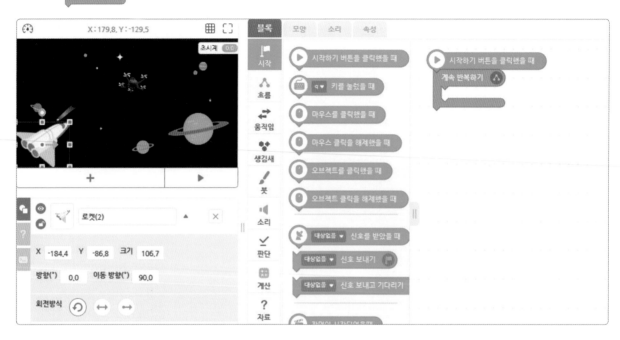

❷ [움직임]의 90° 방향으로 10 만큼 움직이기 를 연결하고, 방향 칸을 클릭하면 다음 그림과 같이 방향 설정
이미지가 나타납니다. 45° 방향으로 '3'만큼 움직이도록 변경합니다.

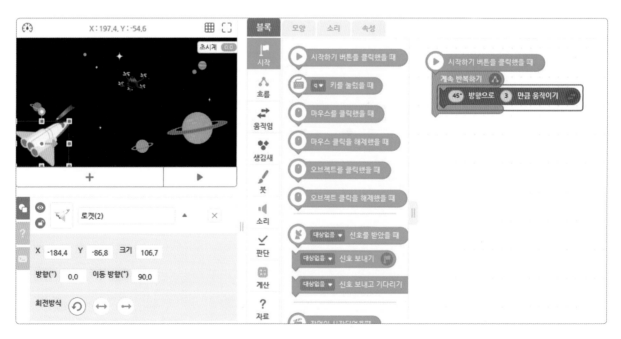

❸ '행성(5)' 오브젝트를 선택합니다. 행성이 계속 움직이는 모습을 나타내기 위해 [시작]의 시작하기 버튼을 클릭했을 때 와 [흐름]의 계속 반복하기 를 연결합니다.

❹ 계속 반복하기 사이에 [움직임]의 이동 방향으로 10 만큼 움직이기 와 이동 방향을 90° 만큼 회전하기 를 끼워 넣고, '이동 방향으로 1만큼 움직이기', '이동 방향을 15°만큼 회전하기'로 변경합니다.

❺ '드론(1)' 오브젝트를 선택하고 [시작]의 ▶ 시작하기 버튼을 클릭했을 때 , [계산]의 초시계 시작하기 ▼ ⊞ , [흐름]의 참 이 될 때까지 ▼ 반복하기 ∧ 를 연결합니다.

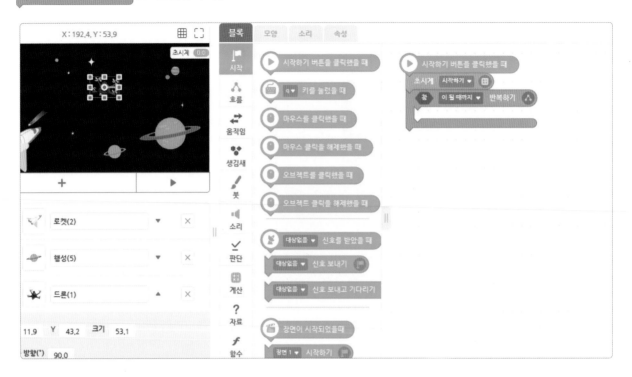

❻ 드론이 10초 동안 움직이도록 하기 위해서 참 이 될 때까지 ▼ 반복하기 ∧ 의 명령에 [판단]의 ◀ 10 > 10 ▶ 을 끼워 넣고, 왼쪽 값에 [계산]의 초시계 값 을 끼워 넣습니다.

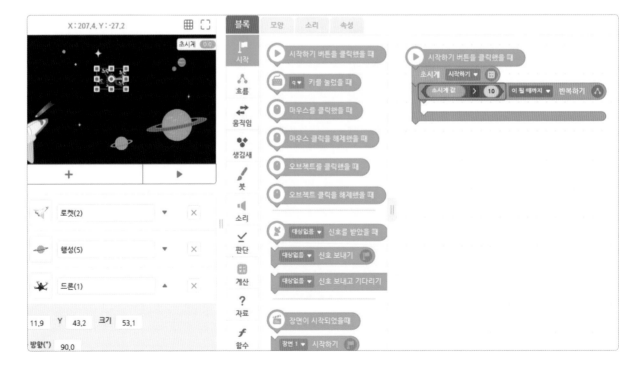

❼ [움직임]의 이동 방향으로 10 만큼 움직이기 와 화면 끝에 닿으면 튕기기 를 연결하고 이동 크기를 '3'으로 변경합니다.

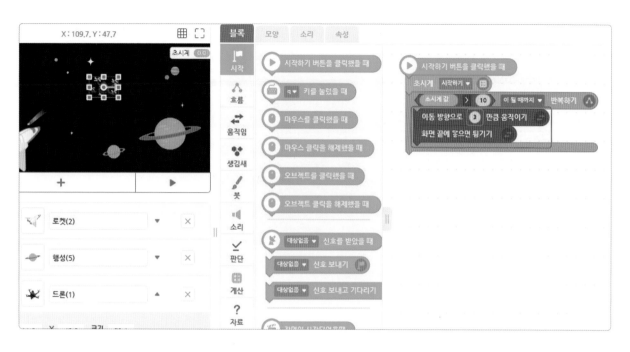

❽ '드론(1)' 오브젝트를 선택하고, 주황색 '이동 방향 화살표'를 클릭한 상태로 각도를 본인이 원하는 만큼 조절합니다. 그리고 오브젝트 목록의 회전 방식을 좌우 회전 (↔)으로 변경합니다.

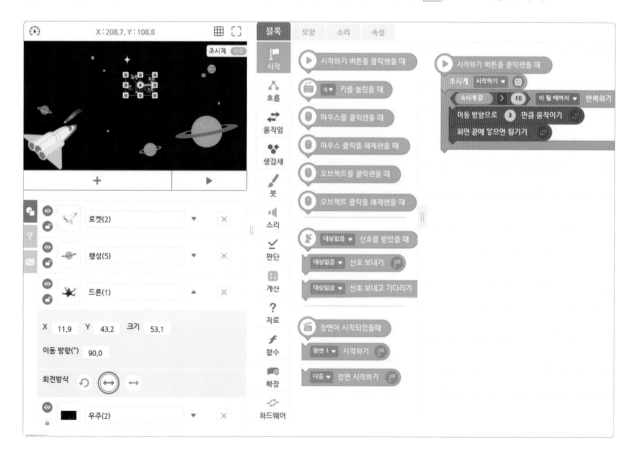

❾ '10'초가 되면 초시계가 멈출 수 있도록 `초시계 정지하기 ▼ ⊞` 를 연결합니다.

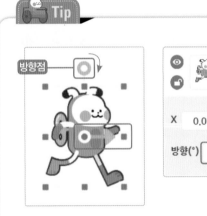

- **방향** : 오브젝트가 기울어진 정도를 의미합니다. 오브젝트의 방향은 방향점을 마우스로 끌어 바꿀 수 있는데, 시계의 12시 방향을 0°로 하여 시계 방향(오른쪽)으로 돌릴수록 증가하며, 360°가 되면 0°로 돌아옵니다.
- **이동 방향** : 오브젝트가 움직이는 진행 방향을 의미합니다. 오브젝트의 이동 방향은 이동 방향 화살표를 끌어서 변경할 수 있습니다.
- **회전 방향** : 오브젝트의 회전 방식에는 세 가지 종류가 있습니다.

  ① `회전방식 ⟳ ↔ →` 모든 방향 회전 : 상하좌우 모든 방향으로 회전
  ② `회전방식 ↻ ↔ →` 좌우 회전 : 좌우로만 회전
  ③ `회전방식 ↻ ↔ →` 회전 없음 : 방향이 변하지 않음

예제 1 예제 파일을 불러와 다음의 조건에 맞게 코딩을 완성해 보세요.

조건

① '채집장'에 있는 곤충 오브젝트가 무한하게 왕복으로 움직입니다.
② 곤충 오브젝트의 이동 속도와 이동 방향을 모두 다르게 조절합니다.
　 (이때, 오브젝트의 이동 방향 화살표 각도를 움직여서 이동 방향을 조절함)

• 예제 파일 : 05-2.ent　• 완성 파일 : 05-2(완성).ent

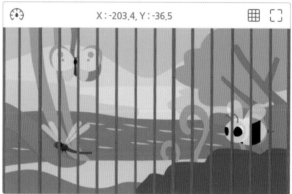

예제 2 예제 파일을 불러와 다음의 조건에 맞게 코딩을 완성해 보세요.

조건

① 동물들이 운동장에서 '60초' 동안 왕복 달리기 운동을 합니다.
② 동물들의 이동 속도는 '1~10' 사이의 무작위 수로 설정합니다.

• 예제 파일 : 05-3.ent　• 완성 파일 : 05-3(완성).ent

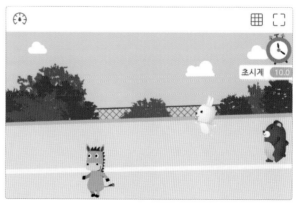

Chapter 06

즐거운 코딩 ②

신비한 우주

 다음의 조건을 이용해 코딩을 완성해 보세요.

① '로켓'을 마우스로 클릭하면 오른쪽으로 날아가다가 화면 끝에 닿으면 '다음 장면'인 [장면 2]로 전환됩니다.

② [장면 2]와 [장면 3]이 반복 전환되면서 '로켓'이 계속 날아가는 장면을 만들어 봅니다.

③ '큰별'이 위치를 바꾸면서 반짝이도록 만들어 봅니다.

• 예제 파일 : 06-1.ent • 완성 파일 : 06-1(완성).ent

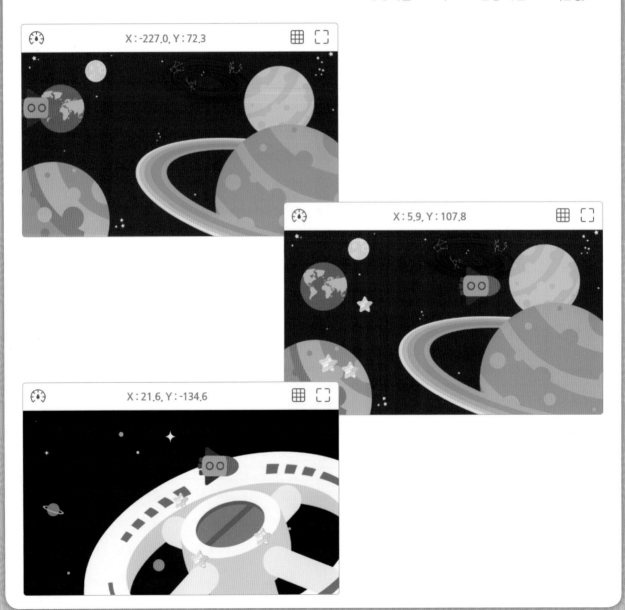

⭐ 코딩 이야기

❶ '로켓(3)' 오브젝트를 선택하고 이동 방향으로 움직이다가 오른쪽 벽에 닿으면 다음 장면이 시작되게 코딩합니다.

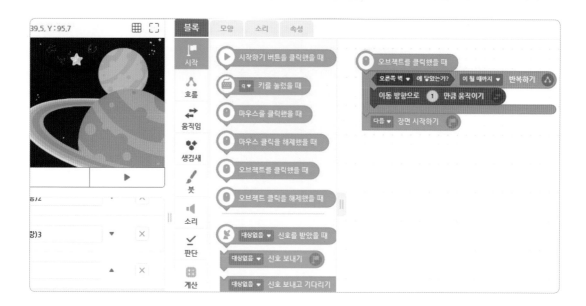

❷ '큰별(노랑)1', '큰별(노랑)2', '큰별(노랑)3' 오브젝트를 선택하고, 별의 위치가 무작위 위치에서 나타나도록 코딩합니다.

❸ '큰별(노랑)1', '큰별(노랑)2', '큰별(노랑)3' 오브젝트를 각각 선택하고, 별이 계속해서 반짝이도록 코딩합니다.

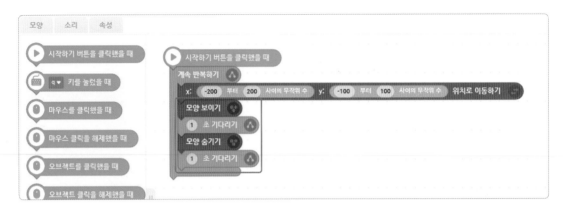

❹ [장면 1]에 놓고 마우스 오른쪽 버튼을 클릭해서 [복제
하기]를 선택합니다.

❺ 복제된 장면의 '우주(1)' 오브젝트를 삭제(× 클릭)하고, '우주정거장' 오브젝트를 추가해서 배경이 변경되도록
합니다.

❻ '로켓(3)', '큰별(노랑)1', '큰별(노랑)2', '큰별(노랑)3' 오브젝트의 시작 블록을 변경해서 장면이 시작되었을 때 움직이도록 코딩합니다.

❼ '복제본_장면 1'에 마우스 오른쪽 버튼을 클릭해서 [복제하기]를 선택합니다.

 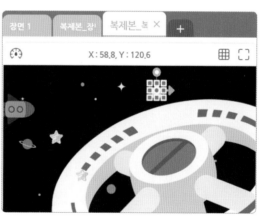

 코딩이 완성되면 [장면 1], [복제본_장면 1], [복제본_복제본_장면]의 코딩을 비교해 보면서 각 장면에서 달라진 코드가 무엇인지 찾아보세요!

Chapter 07

조건 : 삐~! 위험을 알려 주는 미로

학습목표

- 조건 구조에 대한 개념을 이해합니다.
- '만일 참 이라면' 기능의 실행하는 방법에 대해 알아봅니다.
- 키보드의 '상하좌우' 방향키를 이용해 오브젝트가 움직이는 방법을 알아봅니다.
- 오브젝트가 물체에 닿았을 때 소리를 재생하는 방법에 대해 알아봅니다.

• 예제 파일 : 07-1.ent • 완성 파일 : 07-1(완성).ent

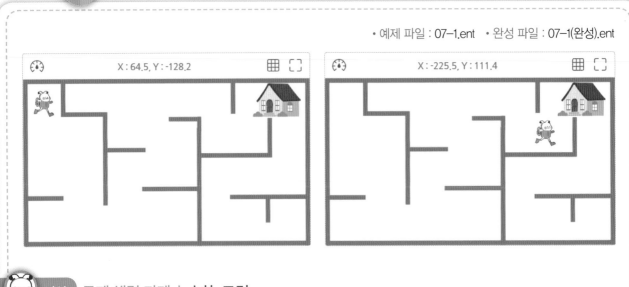

미션 문제 해결 과제 | 순차, 조건

| 필요한 오브젝트 | 주요 명령 블록 |

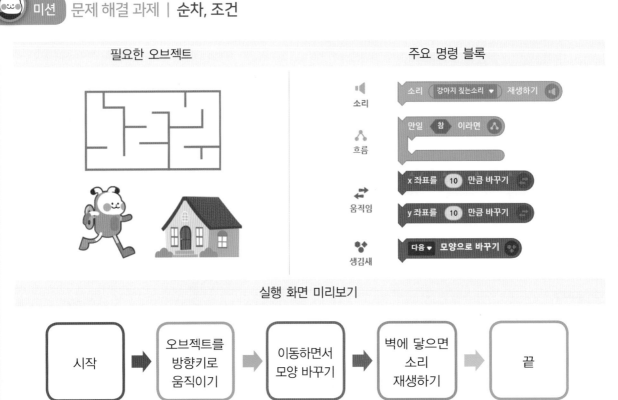

소리 : 소리 강아지 짖는소리 ▼ 재생하기

흐름 : 만일 참 이라면

움직임 : x 좌표를 10 만큼 바꾸기 / y 좌표를 10 만큼 바꾸기

생김새 : 다음 ▼ 모양으로 바꾸기

실행 화면 미리보기

시작 ➡ 오브젝트를 방향키로 움직이기 ➡ 이동하면서 모양 바꾸기 ➡ 벽에 닿으면 소리 재생하기 ➡ 끝

❶ '07-1.ent' 예제 파일을 불러옵니다. '엔트리봇' 오브젝트를 선택하고, [시작]의 ⌨️ `q▼ 키를 눌렀을 때` 를 드래그합니다. 이어서 목록 버튼(▼)을 클릭하여 '오른쪽 화살표'를 선택합니다.

❷ [움직임]의 `x 좌표를 10 만큼 바꾸기` 와 [생김새]의 `다음▼ 모양으로 바꾸기` 를 연결합니다.

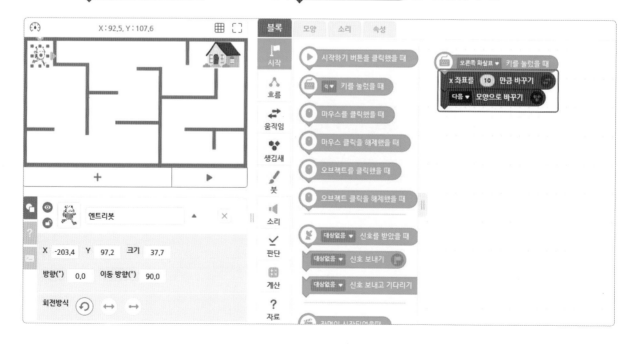

❸ [흐름]의  에 [판단]의 ◀마우스포인터 ▼ 에 닿았는가?▶를 가져다 넣고, 목록 버튼(▼)을 클릭하여 '미로(4)'로 변경합니다.

❹ [소리] 탭에서 '소리 추가하기'를 클릭해서 '사물'에서 '위험 경고'를 선택하고 [추가하기]를 클릭합니다.

❺ [움직임]의 x 좌표를 10 만큼 바꾸기 를 연결하고, x 좌표를 '−10'으로 변경합니다. 그리고 [소리]의
소리 강아지 짖는소리 ▼ 재생하기 를 연결하고, 목록 버튼(▼)을 클릭하여 '위험 경고'로 소리를 변경합니다.

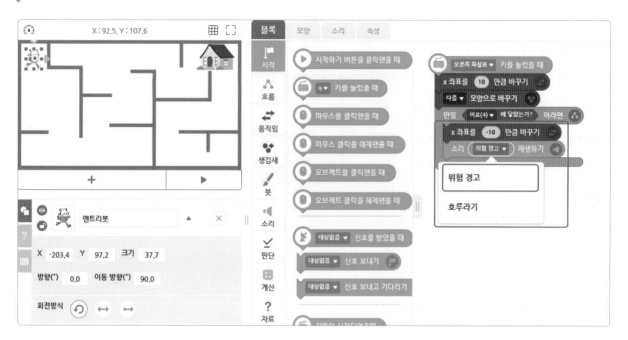

❻ [흐름]의 만일 참 이라면 에 [판단]의 마우스포인터 ▼ 에 닿았는가? 를 가져다 넣고, 목록 버튼(▼)을 클릭하여
'건물(3)'으로 변경합니다. 그리고 [생김새]의 모양 숨기기 를 끼워 넣습니다.

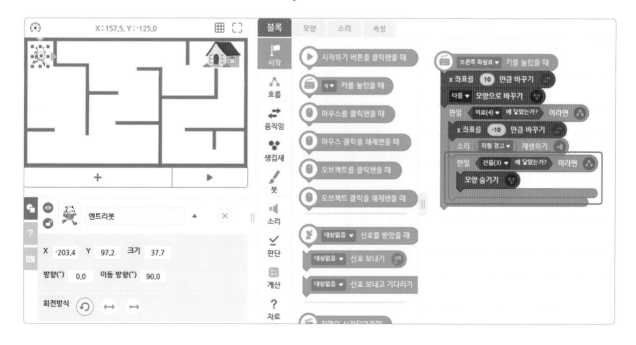

❼ 완성된 블록 위에서 마우스 오른쪽 버튼을 클릭하여 [코드 복사 & 붙여넣기]를 한 후, 다음 그림과 같이 화살표 방향을 '왼쪽 화살표로', x 좌표를 '−10', '10'으로 변경합니다.

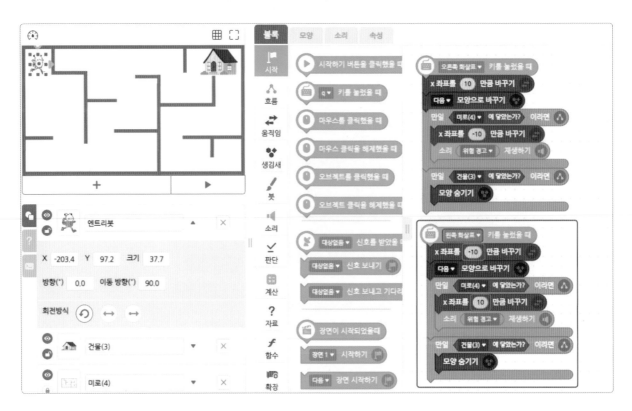

❽ [시작]의 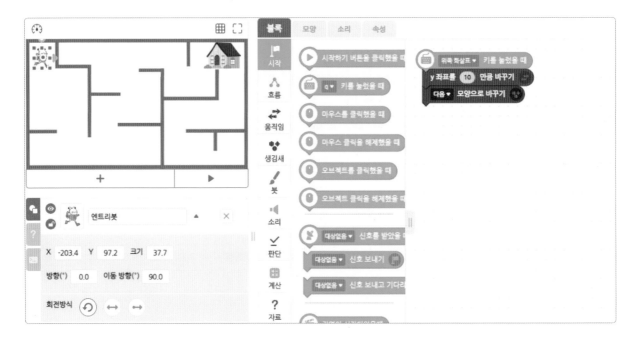 를 드래그하여 '위쪽 화살표'로 변경합니다. [움직임]의 x좌표를 10 만큼 바꾸기 와 [생김새]의 다음▼ 모양으로 바꾸기 를 연결합니다.

❾ [흐름]의 █████████ 에 [판단]의 ◀ 마우스포인터 ▼ 에 닿았는가? ▶를 가져다 넣고, 목록 버튼(▼)을 클릭하여 '미로(4)'로 변경을 합니다.

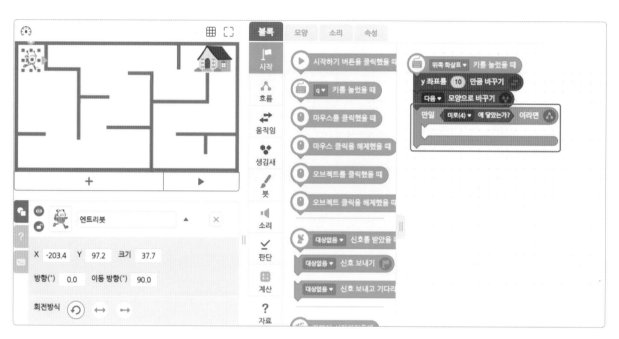

❿ [움직임]의 █ x 좌표를 ⑩ 만큼 바꾸기 █를 연결하고 x 좌표를 '-10'으로 변경합니다. 그리고 [소리]의 █ 소리 ▐ 강아지 짖는소리 ▼ ▌ 재생하기 ◀ █를 연결하고, 목록 버튼(▼)을 클릭하여 '위험 경고'로 소리를 변경합니다.

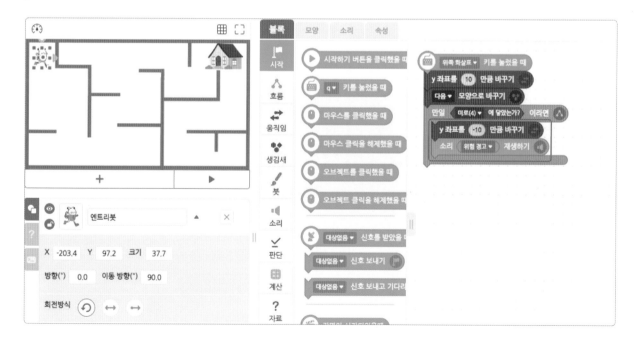

⑪ [흐름]의 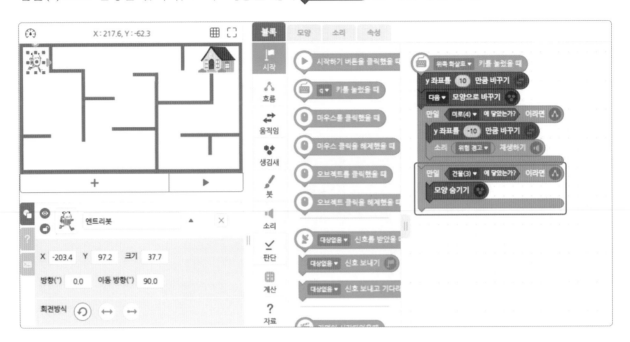 에 [판단]의 마우스포인터 ▼ 에 닿았는가? 를 가져다 넣고, 목록 버튼(▼)을 클릭하여 '건물(3)'으로 변경을 합니다. 그리고 [생김새]의 모양 숨기기 를 끼워 넣습니다.

⑫ [코드 복사 & 붙여넣기]를 선택해서 붙여 넣고, 다음 그림과 같이 화살표 방향을 '아래쪽 화살표', y 좌표를 '−10', '10'으로 변경합니다.

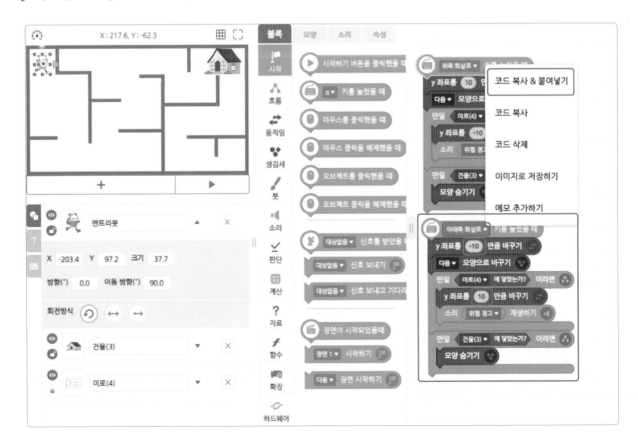

실행 화면의 좌표

- 실행 화면은 좌표를 가지고 있습니다. 가장 중앙의 좌표값을 x=0, y=0으로 하여 x축 방향으로 −240∼240, y축 방향으로 −135∼135로 이루어져 있습니다.
- 모눈종이 버튼을 누르면 실행 화면의 좌표를 볼 수 있습니다.
- 화면의 상단에는 마우스 포인터의 좌표가 실시간으로 표시되며, 오브젝트 목록의 정보 창에서 오브젝트의 좌표(중심점 기준)를 볼 수 있습니다.
- 연필 모양의 버튼을 눌러 오브젝트의 좌표를 입력하면 오브젝트를 원하는 위치로 세밀하게 옮길 수 있습니다.

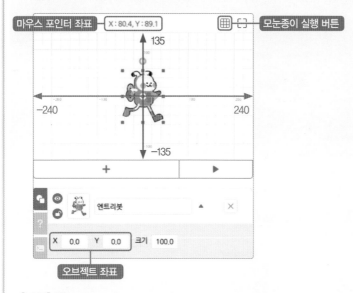

[모양] 탭

- 오브젝트를 선택하고 블록 꾸러미의 [모양] 탭을 선택하면 오브젝트의 '모양 목록'을 볼 수 있습니다.
- 오브젝트의 모양을 '추가/삭제/수정'할 수 있습니다.
- [모양으로 바꾸기] 블록을 활용하여 작품 실행 중에 원하는 모양으로 바꿀 수 있습니다. `다음▼ 모양으로 바꾸기` 는 오브젝트를 '다음'이나 '이전' 모양으로 바꿉니다. `(1)엔트리봇_걷기1 모양으로 바꾸기` 는 선택한 오브젝트 모양으로 바꿉니다.

예제 **1** 예제 파일을 불러와 다음의 조건에 맞게 코딩을 완성해 보세요.

조건
① '엔트리봇'이 집에 도착하면 "집에 도착했습니다."라고 말을 합니다.
② '엔트리봇'이 집에 도착하면 말을 하고, 모습이 사라집니다.

• 예제 파일 : 07-2.ent   • 완성 파일 : 07-2(완성).ent

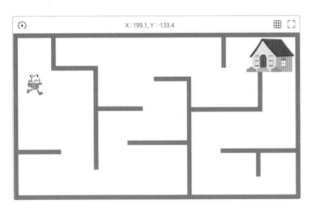
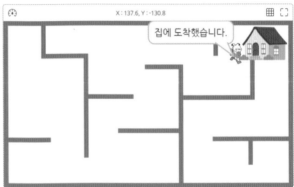

예제 **2** 예제 파일을 불러와 다음의 조건에 맞게 코딩을 완성해 보세요.

조건
① '금발공주'가 키보드 방향키로 움직이다가 벽에 닿으면 "조심해!"라고 1초 동안 말을 합니다.
② '금발공주'가 궁전에 도착하면 노크 소리가 나며 사라집니다.

• 예제 파일 : 07-3.ent   • 완성 파일 : 07-3(완성).ent

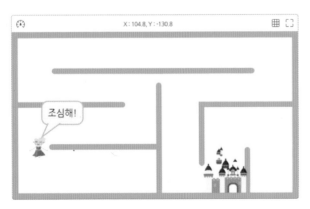
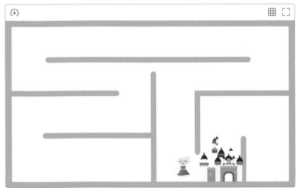

조건 : 텔레파시 게임

● 조건 구조에 대한 개념을 이해합니다.
● '만일 참 이라면', '만일 참 이라면 / 아니면' 기능의 실행하는 방법을 알아봅니다.
● 질문을 하고, 대답하는 방법을 알아봅니다.

• 예제 파일 : 08-1.ent • 완성 파일 : 08-1(완성).ent

미션 문제 해결 과제 | 순차, 조건

필요한 오브젝트	주요 명령 블록

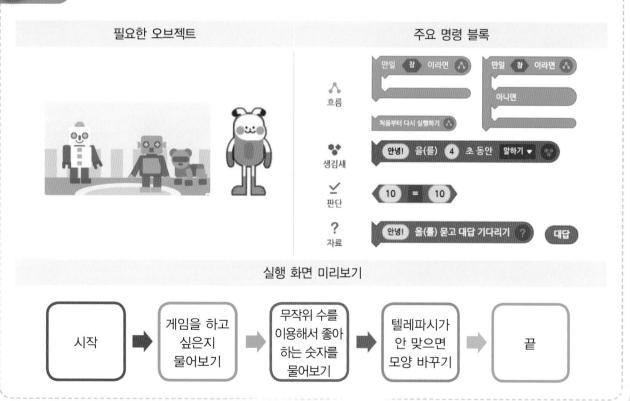

실행 화면 미리보기

시작 ▶ 게임을 하고 싶은지 물어보기 ▶ 무작위 수를 이용해서 좋아하는 숫자를 물어보기 ▶ 텔레파시가 안 맞으면 모양 바꾸기 ▶ 끝

❶ '08-1.ent' 예제 파일을 불러옵니다. '엔트리봇' 오브젝트를 선택합니다. 그리고 [시작]의 ▶시작하기 버튼을 클릭했을 때 와 [생김새]의 안녕! 을(를) 4 초 동안 말하기▼ 를 연결하고, "우리 텔레파시 게임을 할래요?"와 '2초' 동안 말하기로 변경합니다.

❷ [자료]의 안녕! 을(를) 묻고 대답 기다리기 ? 를 연결하고, "좋으면 1번을, 싫으면 2번을 입력하세요."라고 변경합니다.

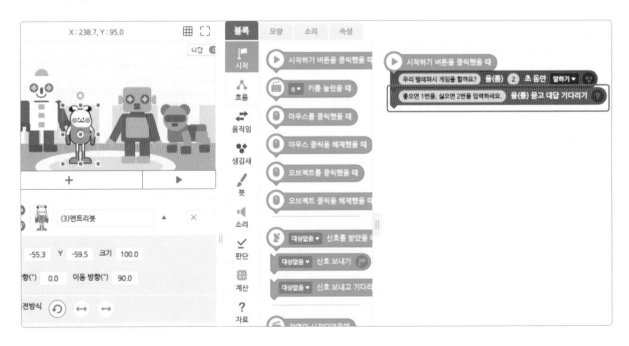

❸ [흐름]의  에 [판단]의 ◁ 10 = 10 ▷를 끼워 넣습니다. 이어서 왼쪽 값에는 [자료]의 **대답** 을 가져다 넣고, 오른쪽 값은 '1'로 변경합니다.

❹ [생김새]의 **안녕!** 을(를) ④ 초 동안 **말하기** 를 끼워 넣고, "나와 재미있게 게임을 해요."와 '2초' 동안 말하기로 변경합니다.

Tip

비교 연산 블록

☑ 에는 비교 연산 블록들이 있습니다. 비교 연산이란 '크다', '작다', '크거나 같다', '작거나 같다', '같다'와 같이 크기를 비교하는 것을 말합니다. ◁ 10 > 10 ▷ ◁ 10 < 10 ▷ ◁ 10 ≥ 10 ▷ ◁ 10 ≤ 10 ▷ ◁ 10 = 10 ▷

❺ [흐름]의 ⎡만일 참 이라면⎤ 에 [판단]의 ⟨ 10 = 10 ⟩을 끼워 넣습니다. 이어서 왼쪽에는 [자료]의 ⟨대답⟩을 가져다 넣고, 오른쪽 값을 '2'로 변경합니다.

❻ [생김새]의 ⟨(1)엔트리봇_걷기1 모양으로 바꾸기⟩를 끼워 넣고, 모양을 '(3)엔트리봇_옆모습'으로 변경을 합니다. [생김새]의 ⟨안녕! 을(를) 4 초 동안 말하기⟩를 연결하고, "나와 게임하기 싫군요! 흥!"과 '2초' 동안 말하기로 변경합니다.

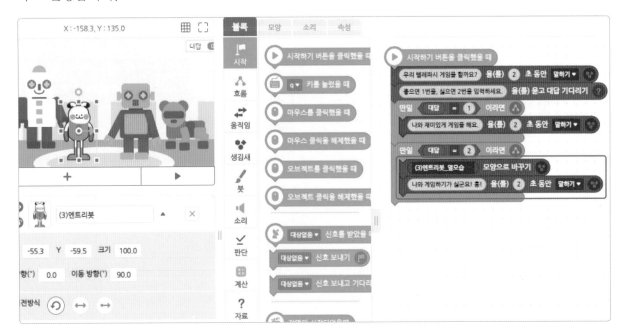

❼ [흐름]의 처음부터 다시 실행하기 ⚡ 를 만일 참 이라면 ⚡ 사이 맨 아래에 연결합니다.

❽ [자료]의 안녕! 을(를) 묻고 대답 기다리기 ❓ 를 연결하고, "숫자 1과 2 중 어떤 숫자가 좋아요?"로 변경합니다.

[~을(를) 묻고 대답 기다리기] 블록은 사용자가 키보드로 정보를 입력할 수 있도록 도와주는 블록입니다. 입력된 값은 '대답'이라는 변수에 저장되는데, '비교 연산', '논리 연산', '이동 거리', '출력' 등 다양한 방법으로 활용할 수 있습니다.

❾ [흐름]의  에 [판단]의 「10 = 10」를 끼워 넣습니다. 왼쪽 값에는 [자료]의 「대답」을 넣고, 오른쪽 값에는 [계산]의 「0 부터 10 사이의 무작위 수」를 연결한 후, 값을 '0'부터 '2' 사이의 무작위 수로 변경을 합니다.

❿ 이어서 [생김새]의 「안녕! 을(를) 4 초 동안 말하기▼」를 끼워 넣은 다음, "텔레파시가 통했어요!"를 입력하고 '2초' 동안 말하기로 변경합니다.

⓫ 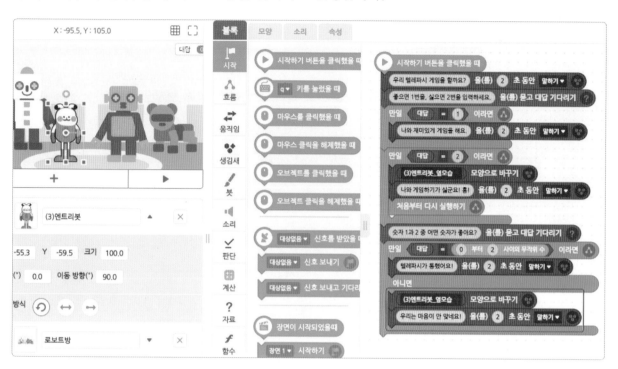 의 '아니면' 아래에 [생김새]의 `(1)엔트리봇_걷기1 모양으로 바꾸기` 를 끼워 넣고, 목록 버튼(▼)을 클릭하여 '(3)엔트리봇_옆모습'으로 변경합니다. [생김새]의 `안녕! 을(를) 4 초 동안 말하기` 를 연결하고 "우리는 마음이 안 맞네요!"와 '2초' 동안 말하기로 변경합니다.

⓬ [흐름]의 `처음부터 다시 실행하기` 를 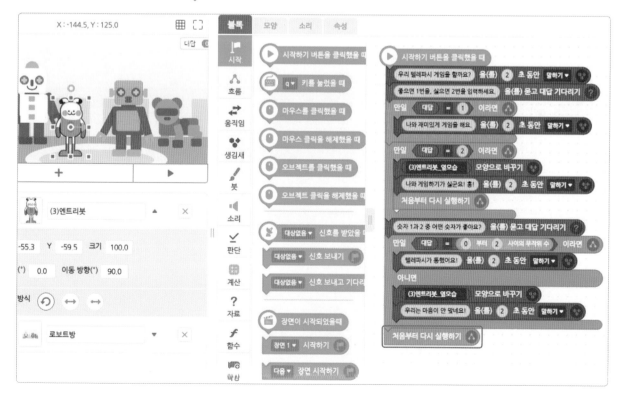 의 아래에 연결합니다.

Chapter 08 더 만들어 보기

예제 **1** **예제 파일을 불러와 다음의 조건에 맞게 코딩을 완성해 보세요.**

조건
① '엔트리봇'이 '축구선수'에게 운동을 같이 할지 묻고 대답을 기다립니다.
② '축구선수'가 "응"이라고 대답하면 축구공이 '축구선수'에게 이동합니다.

• 예제 파일 : 08-2.ent   • 완성 파일 : 08-2(완성).ent

 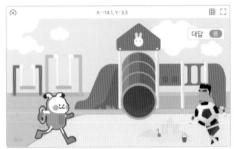

예제 **2** **예제 파일을 불러와 다음의 조건에 맞게 코딩을 완성해 보세요.**

조건
① '엔트리봇'이 '승무원'에게 정글과 해변가 중 어디로 여행을 갈지 물어봅니다.
② 여행지를 선택하여 답하면 무작위 수를 이용해서 두 오브젝트 간의 텔레파시를 확인합니다.
③ 텔레파시가 통하면 [장면 2] '공항'으로 장면이 연결되고, 텔레파시가 통하지 않으면 [장면 3] '집'으로 장면이 연결됩니다.

• 예제 파일 : 08-3.ent   • 완성 파일 : 08-3(완성).ent

Chapter 09

즐거운 코딩 ③

곰 인형 뽑기

다음의 조건을 이용해 코딩을 완성해 보세요.

① '엔트리봇'이 '곰 인형'이 있는 곳으로 가기 위해 x 좌표와 y 좌표를 묻고 대답을 기다립니다.

② 입력된 x, y 좌표로 '2초' 동안 움직인 후, [엔터] 키를 눌러 '곰 인형'을 잡습니다.

③ 잡으면 "성공!"이라고 말하며 게임이 멈추고, 못 잡으면 "실패!"라고 말한 다음, 처음부터 다시 실행을 합니다.

• 예제 파일 : 09-1.ent • 완성 파일 : 09-1(완성).ent

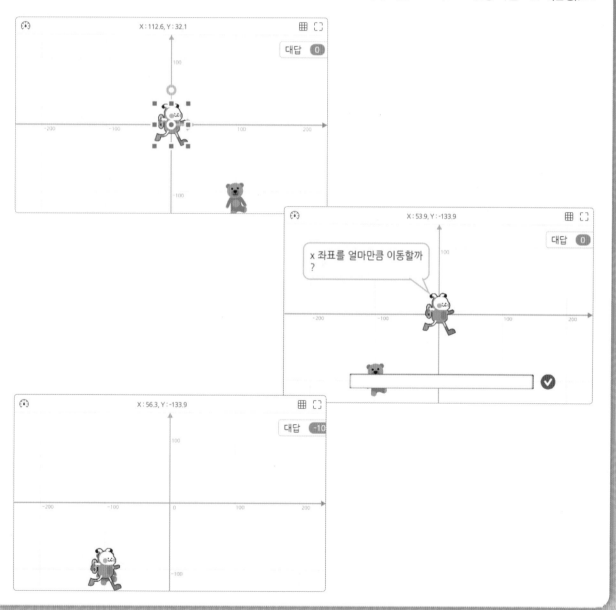

⭐ 코딩 이야기

❶ '엔크리봇'이 "인형을 뽑으러 가자!"라고 말합니다.

❷ '엔트리봇'이 입력한 x 좌표만큼 이동하도록 코딩합니다.

❸ '엔트리봇'이 입력한 y 좌표만큼 이동하도록 코딩합니다.

❹ '엔트리봇'이 '곰 인형'을 잡기 위해 말하는 장면을 코딩합니다.

❺ '엔트리봇'이 '곰 인형'에 닿았는지 확인하고, '곰 인형' 잡기에 성공한 경우의 장면을 코딩합니다.

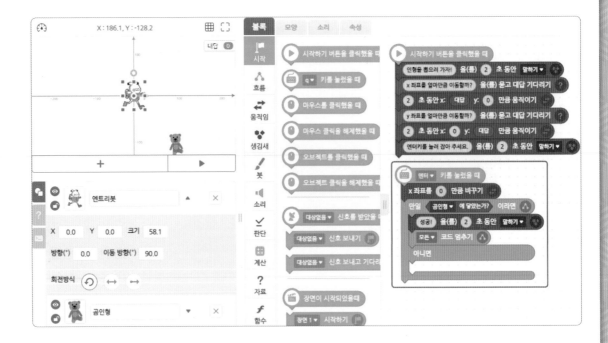

❻ '곰 인형' 잡기에 실패한 경우의 장면을 코딩합니다.

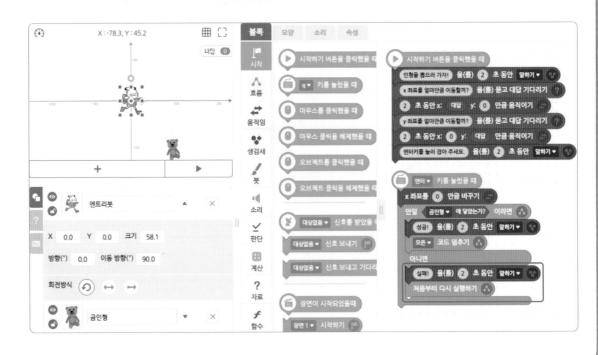

반복 + 조건 : 움직이는 배경

- 반복 구조와 조건 구조를 복합해서 사용하는 개념을 이해합니다.
- 제자리에 서 있는 오브젝트가 앞으로 가는 것처럼 보이는 효과를 만들어 봅니다.
- 움직이는 두 개의 배경 오브젝트를 이용해서 계속 이어지는 것처럼 보이는 배경 효과를 만드는 방법에 대해 알아봅니다.

• 예제 파일 : 10-1.ent • 완성 파일 : 10-1(완성).ent

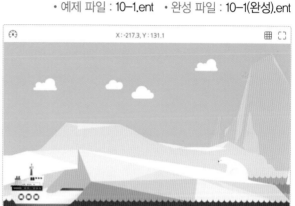

미션 **문제 해결 과제** | **순차, 조건, 반복**

필요한 오브젝트	주요 명령 블록
	판단 (10 ≤ 10)
	계산 (엔트리봇 ▼ 의 x 좌푯값 ▼)

실행 화면 미리보기

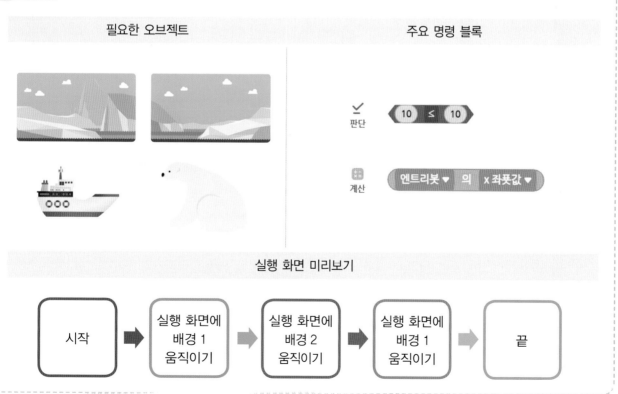

❶ '10-1.ent' 예제 파일을 불러옵니다. '남극 배경(1)'을 선택하고, **[시작]**의 ▶ 시작하기 버튼을 클릭했을 때 와 **[흐름]**의 계속 반복하기 를 연결합니다.

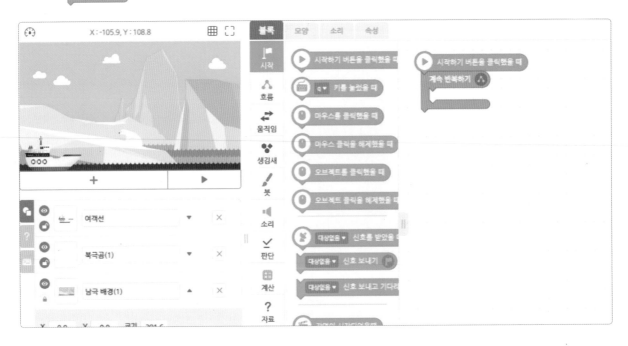

❷ '배경'을 움직이기 위해 **[움직임]**의 x 좌표를 10 만큼 바꾸기 를 연결한 다음, 값을 '−5'로 변경합니다.

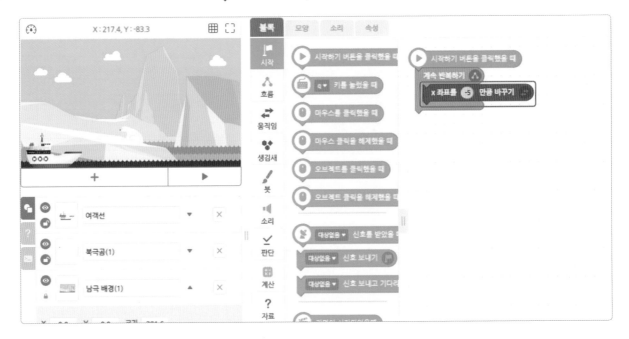

❸ [흐름]의 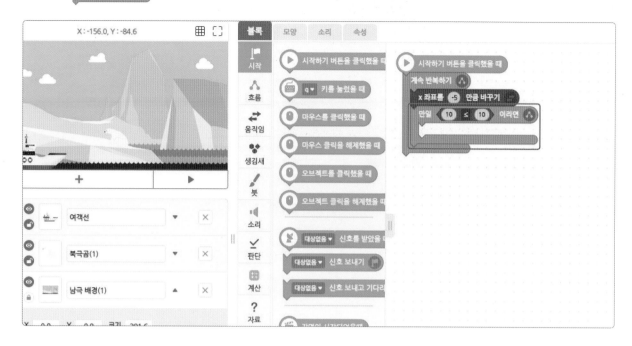 을 연결하고 '참' 칸에 [판단]의 ◁◁ 10 ≤ 10 ▷ 을 끼워 넣습니다.

❹ ◁◁ 10 ≤ 10 ▷ 의 왼쪽 값에 [계산]의 ◁ 엔트리봇▼ 의 x좌푯값▼ ▷ 을 끼워 넣습니다. 목록 버튼(▼)을 클릭하여 '자신'으로 변경하고, 오른쪽 값을 '-480'으로 변경합니다.

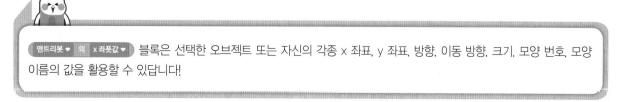

◁ 엔트리봇▼ 의 x좌푯값▼ ▷ 블록은 선택한 오브젝트 또는 자신의 각종 x 좌표, y 좌표, 방향, 이동 방향, 크기, 모양 번호, 모양 이름의 값을 활용할 수 있답니다!

❺ **[움직임]**의  를 연결하고, x 좌표를 '480'으로 변경합니다.

❻ 완성된 블록에 마우스 오른쪽을 클릭해서 [코드 복사]를 선택합니다.

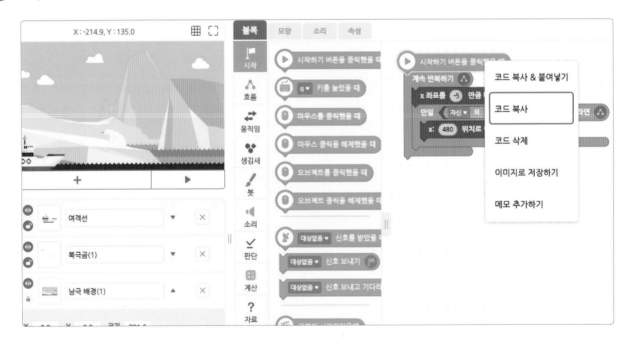

❼ '북극곰(1)' 오브젝트를 선택하고, 마우스 오른쪽을 클릭해서 [붙여넣기]를 선택합니다.

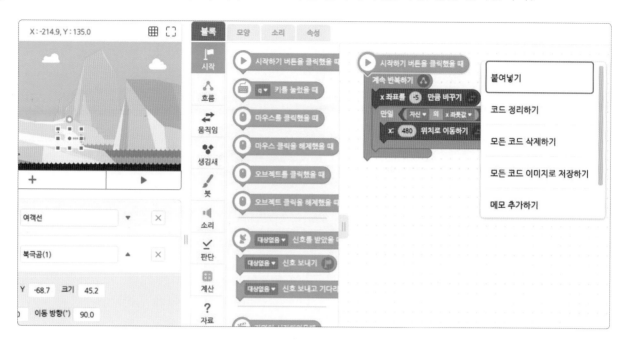

❽ '남극 배경(2)' 오브젝트를 선택하고, 마우스 오른쪽을 클릭해서 [붙여넣기]를 선택합니다.

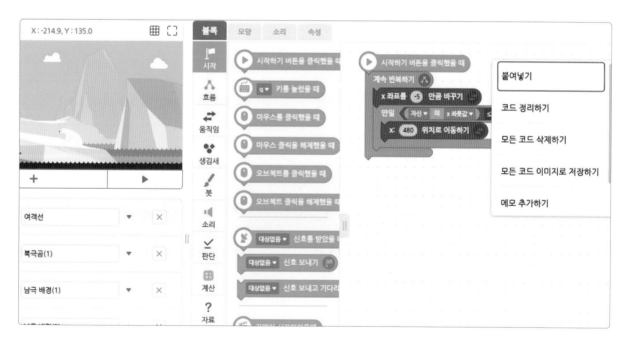

❾ ⑧을 복사하여 붙여 넣은 스크립트에서  에 마우스를 클릭한 상태로 아래로 내려 끌어서 ▶ 시작하기 버튼을 클릭했을 때 와 분리합니다.

❿ [움직임]의 x: 10 위치로 이동하기 를 다음 그림과 같이 연결하고 값을 '480'으로 변경합니다.

'남극배경(2)'의 x 좌표를 '480' 위치로 이동하면 '남극배경(1)'의 오른쪽으로 연결되어 배경이 계속해서 이어지게 됩니다.

⓫ 분리되었던 [계속 반복하기] 블록을 다음 그림과 같이 다시 연결합니다.

배경이 계속해서 이어지는 것처럼 보이는 원리

- 실행 화면(남극배경(1))의 x 좌표 값은 '−240~240'입니다.
- '남극배경(2)'를 실행 화면에 보이지 않는 가상의 공간인 x 좌표 '480'으로 이동시켜서 두 개의 배경을 연결시켜 줍니다.
- 두 배경을 같은 속도로 왼쪽 방향으로 이동시키면 '남극배경(1)'은 실행 화면에서 왼쪽으로 나가게 되고, '남극배경(2)'가 실행 화면에 보이게 됩니다.
- '배경화면(2)'가 실행 화면을 가득 채우는 순간이 오면, '남극배경(1)'이 '남극배경(2)' 뒤로 다시 이어 붙습니다. 이러한 과정을 반복하면 배경이 계속해서 움직이는 것처럼 보입니다.

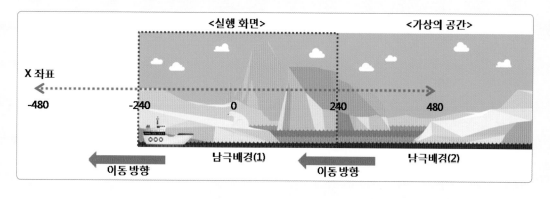

더 만들어 보기

예제 **1** 예제 파일을 불러와 다음의 조건에 맞게 코딩을 완성해 보세요.

조건
① '열기구'가 키보드의 방향키에 의해 위아래로 이동합니다.
② '열기구'가 '북극곰'에 닿으면 "북극곰을 만났어!"라고 말합니다.

• 예제 파일 : 10-2.ent • 완성 파일 : 10-2(완성).ent

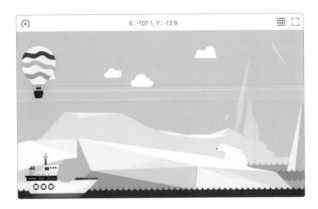

예제 **2** 예제 파일을 불러와 다음의 조건에 맞게 코딩을 완성해 보세요.

조건
① '사람'이 걷는 것처럼 모양이 바뀌면서 고궁을 산책하는 장면을 표현합니다.
② 배경이 바뀔 때마다 걷고 있는 '사람'이 배경의 이름을 말합니다.

• 예제 파일 : 10-3.ent • 완성 파일 : 10-3(완성).ent

반복 + 조건 : 출발! 정글 탐험

● 반복 구조와 조건 구조를 복합해서 사용하는 개념을 이해합니다.
● 오브젝트가 반복해서 자신을 복제해서 화면 아래로 내려오는 효과를 만듭니다.
● 초시계를 활용하여 게임이 끝나는 시간을 측정합니다.

• 예제 파일 : 11-1.ent   • 완성 파일 : 11-1(완성).ent

미션 문제 해결 과제 | **순차, 조건, 반복**

필요한 오브젝트	주요 명령 블록

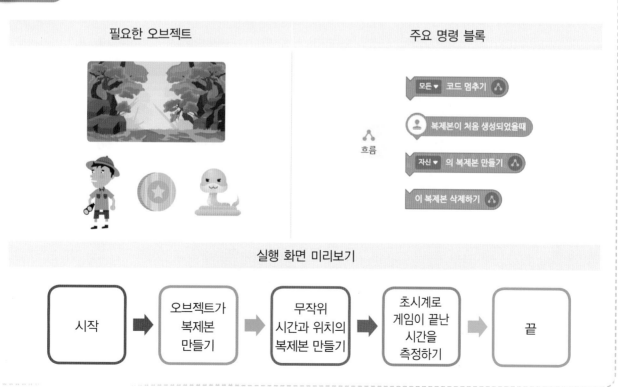

흐름

모든 ▼ 코드 멈추기

복제본이 처음 생성되었을때

자신 ▼ 의 복제본 만들기

이 복제본 삭제하기

실행 화면 미리보기

시작 → 오브젝트가 복제본 만들기 → 무작위 시간과 위치의 복제본 만들기 → 초시계로 게임이 끝난 시간을 측정하기 → 끝

❶ '11-1.ent' 예제 파일을 불러옵니다. '어린 탐험가' 오브젝트를 선택하고 [**시작**]의 (q ▼ 키를 눌렀을 때)와 [**움직임**]의 (x 좌표를 10 만큼 바꾸기), (이동 방향을 90° (으)로 정하기)를 연결합니다. 그리고 다음 그림과 같이 키보드 좌우 방향키로 움직이도록 코딩합니다.

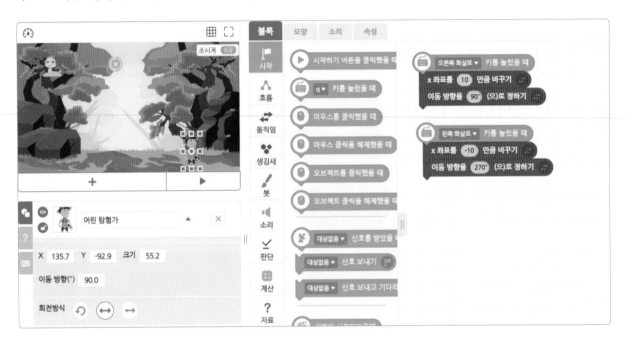

❷ [**시작**]의 (▶ 시작하기 버튼을 클릭했을 때)와 [**계산**]의 (초시계 시작하기 ▼ ▦)를 연결합니다.

❸ [흐름]의 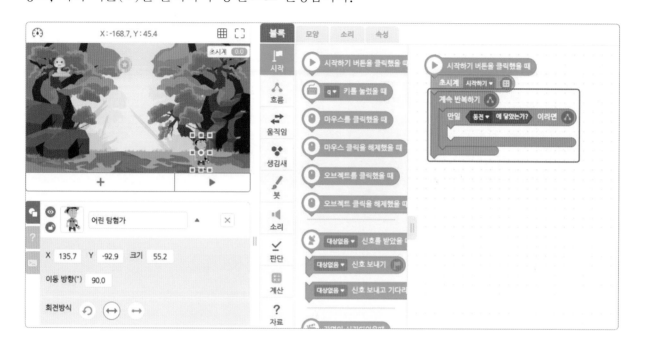 와 을 연결합니다. '참' 칸에 [판단]의 를 가져다 넣고, 목록 버튼(▼)을 클릭하여 '동전'으로 변경합니다.

❹ [생김새]의 를 연결하고, "황금이다!"와 '1초'로 변경합니다.

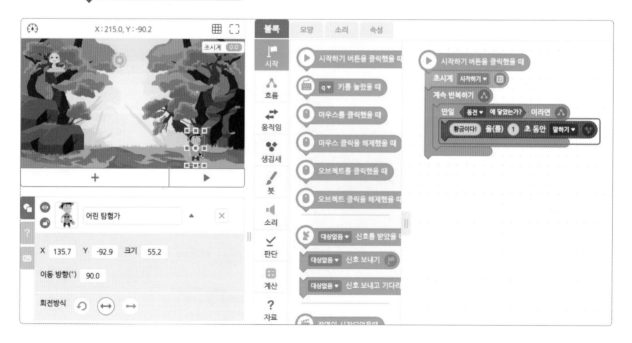

❺ [흐름]의  를 연결한 후, '참' 칸에 [판단]의 `마우스포인터 ▼ 에 닿았는가?` 를 가져다 넣고 목록 버튼(▼)을 클릭하여 '뱀'으로 변경합니다. [생김새]의 `안녕! 을(를) 말하기 ▼` 를 연결하고 "뱀이다!"로 변경합니다.

❻ [계산]의 `초시계 시작하기 ▼` 를 연결하고, 목록 버튼(▼)을 클릭하여 '정지하기'로 변경합니다. 그리고 [흐름]의 `모든 ▼ 코드 멈추기` 를 연결합니다.

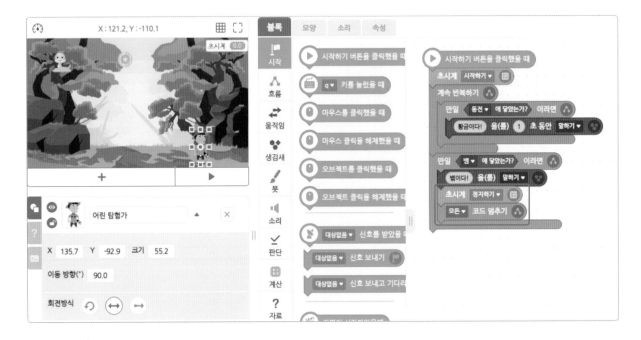

❼ '동전' 오브젝트를 선택하고, [시작]의 ▶ 시작하기 버튼을 클릭했을 때 , [생김새]의 모양 숨기기 와 [흐름]의 계속 반복하기 를 연결합니다.

❽ [흐름]의 2 초 기다리기 를 연결한 후, [계산]의 0 부터 10 사이의 무작위 수 를 가져다 넣고, 값을 '1'과 '3'으로 변경합니다. 그리고 [흐름]의 자신▾ 의 복제본 만들기 를 연결합니다.

❾ [흐름]의 복제본이 처음 생성되었을때 와 [생김새]의 모양 보이기 를 연결합니다.

❿ [움직임]의 x: 0 y: 0 위치로 이동하기 를 연결합니다. x에 [계산]의 0 부터 10 사이의 무작위 수 를 가져다 넣고, '−200'부터 '200'으로, y는 '150'으로 변경합니다.

⑪ [흐름]의 와 [움직임]의 ⌈y좌표를 ⑩ 만큼 바꾸기⌉를 연결하고 값을 '−2'로 변경합니다.

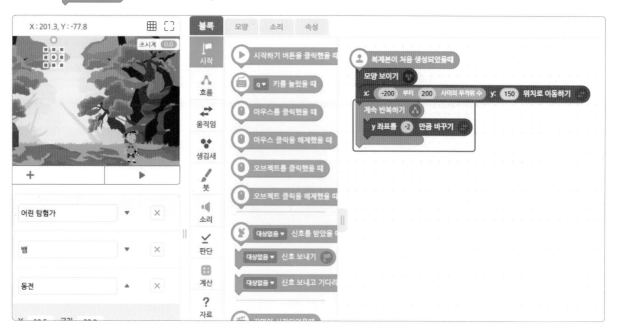

⑫ [흐름]의 ⌈만일 참 이라면⌉의 '참' 칸에 [판단]의 ⟨마우스포인터 ▼ 에 닿았는가?⟩를 가져다 넣고, 목록 버튼(▼)을 클릭하여 '아래쪽 벽'으로 변경합니다. 그리고 [흐름]의 ⌈이 복제본 삭제하기⌉를 연결합니다.

y 좌표의 값을 조정하면 하늘에서 내려오는 속도를 조절할 수 있답니다!

⓭ '동전' 오브젝트의 스크립트를 복사한 후, '뱀' 오브젝트에 모두 붙여 넣습니다.

 Tip

복제하기와 도장찍기

의 도장찍기 는 단순히 오브젝트의 모양만 복사하기 때문에 실행 화면에 같은 모양의 오브젝트만 나타나게 됩니다. 하지만, 의 자신▼ 의 복제본 만들기 는 오브젝트의 모양뿐만 아니라 복제본이 처음 생성되었을때 에 연결된 블록 명령을 실행할 수 있습니다.

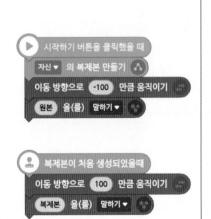

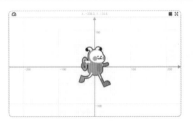

[시작하기]를 누르면 원본 오브젝트는 다음 그림과 같이 복제본을 만들고, 이동 방향으로 −100만큼 움직인 후 "원본"이라고 말합니다. 만들어진 복제본은 이동 방향으로 100만큼 움직인 후 "복제본"이라고 말합니다.

예제 **1** 예제 파일을 불러와 다음의 조건에 맞게 코딩을 완성해 보세요.

조건
① '쿠키사람'이 좌우로 움직이며 과자를 받으면 효과음을 내며 "맛있어!"라고 말합니다.
② '사탕', '케이크'가 무작위 위치에서 각각 속도를 다르게 하여 땅으로 떨어집니다.

• 예제 파일 : 11-2.ent   • 완성 파일 : 11-2(완성).ent

예제 **2** 예제 파일을 불러와 다음의 조건에 맞게 코딩을 완성해 보세요.

조건
① '엔트리봇'이 유령을 피해 제자리 뛰기를 합니다.
② '유령'이 화면 오른쪽에서 왼쪽으로 이동합니다.
③ '엔트리봇'이 유령에 닿으면 게임이 종료됩니다.

• 예제 파일 : 11-3.ent   • 완성 파일 : 11-3(완성).ent

Chapter 12

즐거운 코딩 ④

남극 탐험

재미 up 창의력 up

 다음의 조건을 이용해 코딩을 완성해 보세요.

① 움직이는 '배경'에 놓인 '펭귄'이 제자리에서 모양이 바뀌면서 [스페이스] 키를 누르면 점프를 합니다.

② '펭귄'은 '북극곰'에 닿으면 "게임 끝", '케이크'에 닿으면 "맛있다!"라고 말합니다.

③ 초시계를 활용해서 게임이 끝나는 시간을 측정합니다.

• 예제 파일 : 12-1.ent   • 완성 파일 : 12-1(완성).ent

☆ 코딩 이야기

❶ '북극곰(1)'을 선택하고, 움직이는 북극 배경과 같은 방향인 오른쪽에서 왼쪽으로 움직이며 반복해서 나타나도록 코딩합니다.

❷ '조각 케이크'를 선택하고, 오른쪽에서 왼쪽으로 움직이며 '북극곰'보다는 자주 반복해서 나타나도록 코딩합니다.

❸ '펭귄'을 선택하고, [스페이스] 키를 눌렀을 때 '펭귄'이 점프를 하도록 코딩합니다. 그리고 '펭귄'이 제자리에서 걸어가는 것처럼 보이도록 하기 위해 '펭귄'의 모양이 계속해서 바뀌도록 코딩합니다.

❹ [시작하기] 버튼을 클릭했을 때, 초시계가 작동하도록 코딩합니다. 그리고 '펭귄'이 '북극곰'에 닿았을 경우에는 모양이 바뀌면서 "게임 끝"이라고 말하도록 코딩합니다.

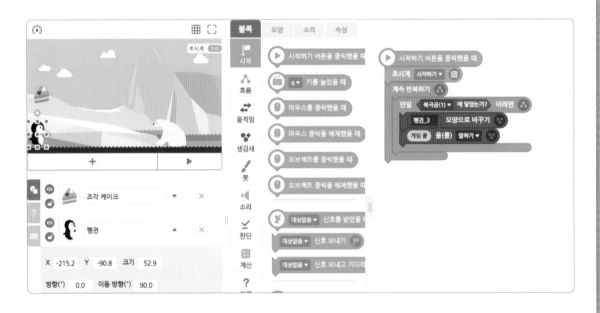

❺ 초시계가 정지하고 게임이 끝나도록 코딩합니다.

❻ '펭귄'이 '조각 케이크'에 닿았을 경우에는 "맛있다!"라고 말하도록 코딩합니다.

Chapter 13

변수 : 자동판매기

학습목표

● 변수를 사용하는 개념을 이해합니다.
● 메뉴 오브젝트를 클릭하면, 변수인 주문 금액이 더해지면서 총 주문금액을 구합니다.
● 산술 연산과 비교 연산을 활용해서 주문 금액과 투입 금액이 맞는지, 부족한지, 남는지의
  결과에 따라 다르게 표현하는 방법을 알아봅니다.

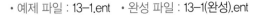
• 예제 파일 : 13-1.ent • 완성 파일 : 13-1(완성).ent

 미션 문제 해결 과제 | 순차, 조건, 변수

필요한 오브젝트	주요 명령 블록

❶ '13-1.ent' 예제 파일을 불러옵니다. [속성] 탭의 [변수]에서 '변수 추가하기'를 클릭하고 변수 이름을 '주문금액'이라고 입력한 후, [확인] 버튼을 클릭합니다.

❷ ＋ 버튼을 클릭합니다. [오브젝트 추가하기] 창이 열리면 [글상자] 탭을 클릭한 후 '100원'을 입력하고 [적용하기] 버튼을 클릭합니다. 같은 방법으로 '200원' 글상자를 추가한 후, 글상자를 '캔음료 버튼'과 '과자 버튼' 아래에 가져다 놓고, 크기를 조정합니다.

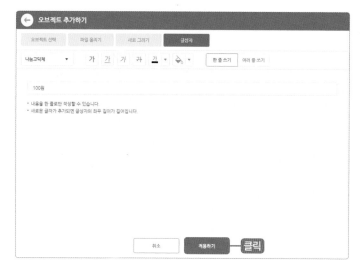

❸ '캔음료 버튼' 오브젝트를 선택합니다. [시작]의  오브젝트를 클릭했을 때 와 [자료]의 주문금액▼ 에 10 만큼 더하기 ? 를 연결하고, 값을 캔음료 판매 금액인 '100'으로 변경합니다.

❹ '과자 버튼' 오브젝트를 선택합니다. [시작]의 오브젝트를 클릭했을 때 와 [자료]의 주문금액▼ 에 10 만큼 더하기 ? 를 연결하고, 값을 과자 판매 금액인 '200'으로 변경합니다.

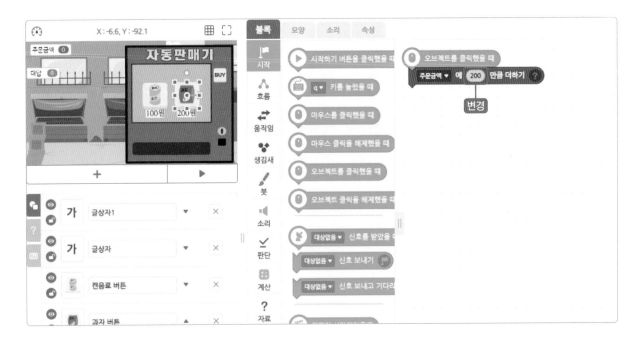

하나의 변수는 숫자 또는 문자값을 한 번에 하나씩만 저장할 수 있으며, 변수에 저장된 값을 더하거나 바꿀 수 있습니다.

❺ '구매 버튼' 오브젝트를 선택합니다. [시작]의 ⬤ 오브젝트를 클릭했을 때 와 [자료]의 안녕! 을(를) 묻고 대답 기다리기 ? 를 연결하고 "돈을 투입하세요."로 변경합니다.

❻ [흐름]의 만일 참 이라면 / 아니면 를 연결하고, '참'에 [판단]의 10 = 10 을 가져다 넣습니다. 왼쪽 값에 [자료]의 주문금액▼ 값 을 가져다 넣고, 오른쪽 값에 [자료]의 대답 을 가져다 넣습니다.

❼ [생김새]의 를 연결하고, "감사합니다. 맛있게 드세요!"와 '2초'로 변경합니다.

❽ '아니면' 아래에 [흐름]의 를 연결하고, '참'에 [판단]의 10" />을 가져다 넣습니다. 왼쪽 값에 [자료]의 을 가져다 넣고, 오른쪽 값에 [자료]의 을 가져다 넣습니다.

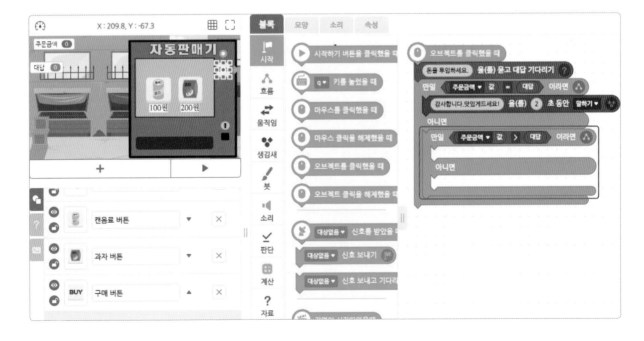

❾ [생김새]의 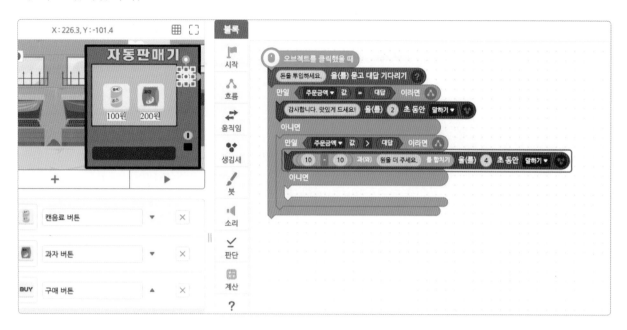 안녕! 을(를) 4 초 동안 말하기 ▼ 를 연결하고, [계산]의 안녕! 과(와) 엔트리 를 합치기 를 가져다 넣습니다. 그리고 첫 번째 칸에 [계산]의 10 - 10 을 가져다 넣고, 두 번째 칸에는 "원을 더 주세요."라고 입력합니다.

❿ 10 - 10 의 왼쪽 값에 [자료]의 주문금액 ▼ 값 을 가져다 넣고, 오른쪽 값에 [자료]의 대답 을 가져다 넣습니다. 그리고 시간을 '2초'로 변경합니다.

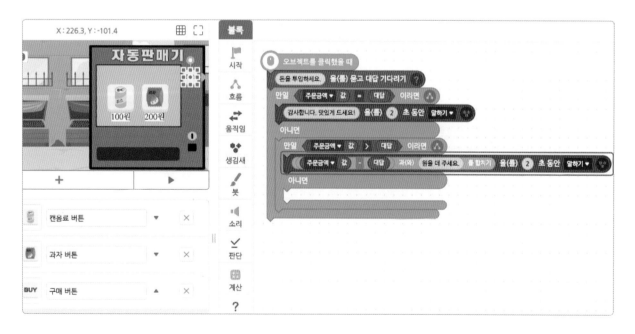

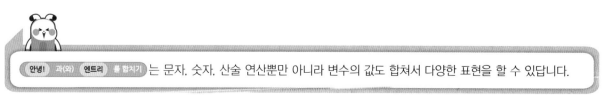
안녕! 과(와) 엔트리 를 합치기 는 문자, 숫자, 산술 연산뿐만 아니라 변수의 값도 합쳐서 다양한 표현을 할 수 있답니다.

⓫ '아니면' 아래에 [생김새]의 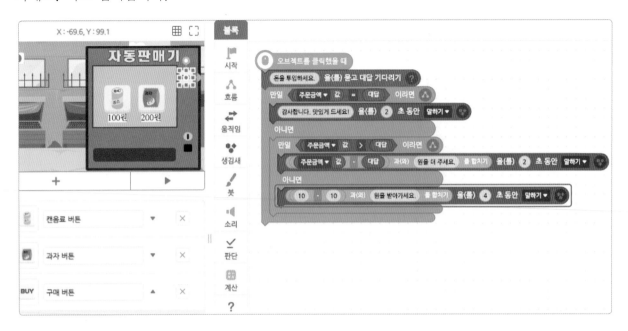 를 연결하고, [계산]의 를 합치기 에 가져다 넣습니다. 그리고 첫 번째 칸에 [계산]의 를 넣고, 두 번째 칸에는 "원을 받아 가세요."라고 입력합니다.

⓬ 의 왼쪽 값에 [자료]의 을 가져다 넣고, 오른쪽 값에 [자료]의 을 가져다 넣습니다. 그리고 시간을 '2초'로 변경합니다.

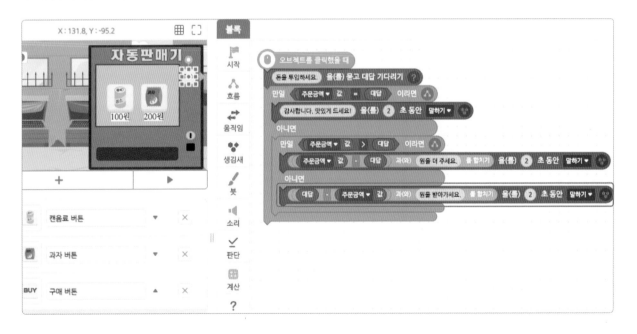

예제 **1** 예제 파일을 불러와 다음의 조건에 맞게 코딩을 완성해 보세요.

조건
① 자동판매기의 판매 메뉴를 '세 가지'로 합니다.
② '취소' 버튼을 클릭하면 주문금액이 '0'으로 초기화되도록 합니다.

• 예제 파일 : 13-2.ent　• 완성 파일 : 13-2(완성).ent

예제 **2** 예제 파일을 불러와 다음의 조건에 맞게 코딩을 완성해 보세요.

조건
① 입장권은 성인, 청소년, 어린이 세 가지 종류입니다.
② '성인', '청소년', '어린이' 글상자를 클릭하면 입장권 금액이 계산되도록 합니다.
③ '엔트리봇'을 눌러서 입장권을 구입하고 차액을 계산합니다.

• 예제 파일 : 13-3.ent　• 완성 파일 : 13-3(완성).ent

변수 : 숫자 맞히기

● 반복 구조를 이용해서 변수를 사용하는 개념을 이해합니다.

● 비교 연산을 통해 변수 값과 입력 값을 비교하여 조건별로 다른 결과를 출력합니다.

● 변수에 대답 횟수를 활용하여 대답을 맞힐 때까지 도전한 횟수를 알 수 있습니다.

• 예제 파일 : 14-1.ent　• 완성 파일 : 14-1(완성).ent

미션 문제 해결 과제 | 순차, 조건, 반복, 변수

필요한 오브젝트	주요 명령 블록

? 자료

대답 숨기기 ▼ ？

대상없음 ▼ 를 10 로 정하기 ？

실행 화면 미리보기

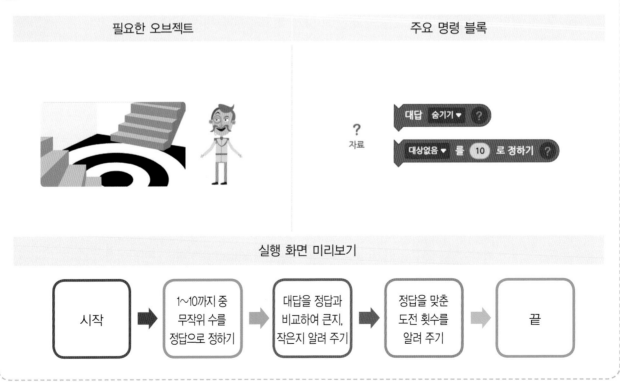

시작 ➡ 1~10까지 중 무작위 수를 정답으로 정하기 ➡ 대답을 정답과 비교하여 큰지, 작은지 알려 주기 ➡ 정답을 맞춘 도전 횟수를 알려 주기 ➡ 끝

❶ '14-1.ent' 예제 파일을 불러옵니다. [속성] 탭의 [변수]에서 '변수 추가'를 클릭하고, 변수 이름을 '정답'이라고 입력합니다. 다시 '변수 추가'를 클릭해서 '말한 숫자'와 '도전 횟수' 변수를 추가합니다.

❷ '괴짜박사' 오브젝트를 선택하고 [시작]의 ▶ 시작하기 버튼을 클릭했을 때 와 [자료]의 대답 숨기기 ? 를 연결합니다. 이어서 [자료]의 변수 도전 횟수 ▾ 숨기기 ? 를 3개 연결하고, 목록 버튼(▼)을 클릭하여 '정답', '말한 숫자', '도전 횟수'로 변경합니다.

❸ [자료]의 도전 횟수▼ 를 10 로 정하기 ? 를 연결하고, '정답'으로 변경합니다. 그리고 [계산]의
0 부터 10 사이의 무작위 수 를 연결하고, 무작위 수를 '1'부터 '10' 사이로 변경합니다.

❹ [생김새]의 안녕! 을(를) 4 초 동안 말하기▼ 를 2개 연결하고, "1부터 10까지 숫자 중 하나의 숫자를 생각
할 테니,"와 "어떤 숫자일지 맞혀 보세요."로 변경합니다.

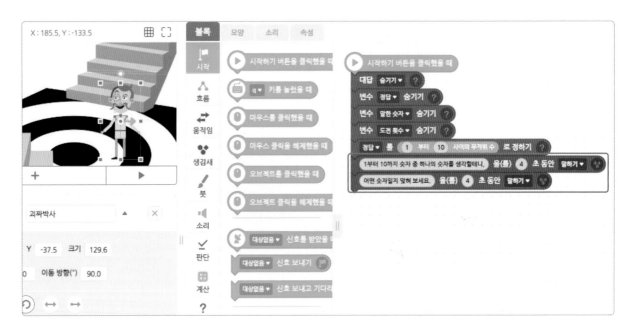

변수를 생성하면 실행 화면에 '변수창'이 나타나는데, 이 창은 '변수 숨기기/보이기' 블록을 통해 실행 화면에 나타내거나
숨길 수 있답니다.

❺ [흐름]의 ⌐계속 반복하기⌐ 와 [자료]의 |도전 횟수▾ 에 10 만큼 더하기 ?|를 연결하고, 값을 '1'로 변경합니다.

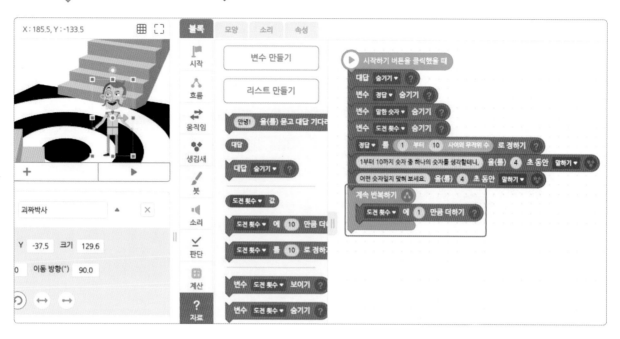

❻ [자료]의 |안녕! 을(를) 묻고 대답 기다리기 ?| 명령 블록을 연결하고, "숫자는?"으로 변경합니다. [자료]의 |도전 횟수▾ 를 10 로 정하기 ?|를 연결하고, '말한 숫자'로 변경한 후, 오른쪽 칸에 [자료]의 |대답|을 가져다 넣습니다.

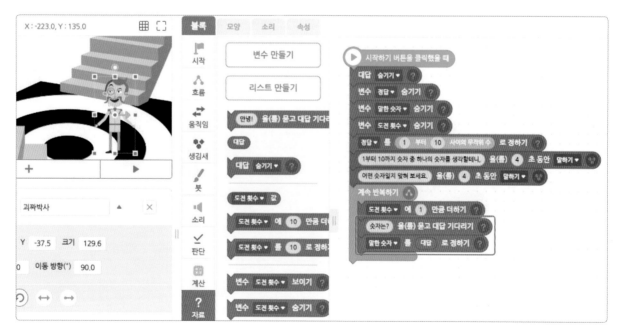

 [묻고 대답 기다리기] 블록을 통해 입력된 값은 '대답'이라는 변수에 저장되어 목적에 따라 다양하게 사용할 수 있답니다!

❼ [흐름]의  을 연결하고, '참'에 [판단]의 〈 10 = 10 〉 을 연결합니다. 왼쪽 값에 [자료]의 도전 횟수▼ 값 을 가져다 넣고 '말한 숫자'로 변경합니다. 그리고 오른쪽 값에 도전 횟수▼ 값 를 가져다 넣고 '정답'으로 변경합니다.

❽ [생김새]의 〈 안녕! 을(를) 4 초 동안 말하기 〉 를 연결하고, 왼쪽 칸에 [계산]의 〈 안녕! 과(와) 엔트리 를 합치기 〉 을 가져다 넣습니다. 다시 첫 번째 칸에는 [자료]의 도전 횟수▼ 값 을 가져다 넣고, '정답'으로 변경합니다. 그리고 두 번째 칸은 "정답이네!"로 변경합니다.

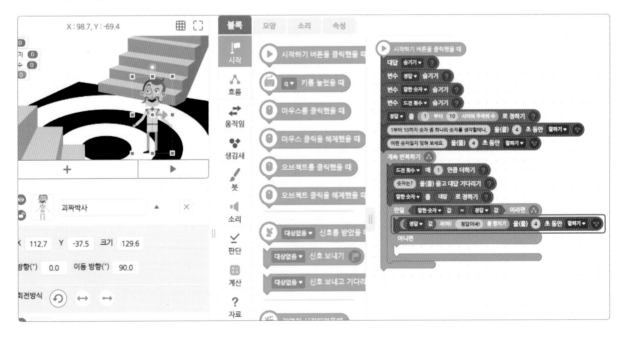

❾ [생김새]의 ![안녕! 을(를) 4 초 동안 말하기]를 연결하고, 왼쪽 칸에 [계산]의 ![안녕! 과(와) 엔트리 를 합치기]를 가져다 넣습니다. 다시 첫 번째 칸에 [자료]의 ![도전 횟수▾ 값]을 가져다 넣고, 두 번째 칸에는 "번 만에 맞혔군!"으로 변경합니다. 그리고 [흐름]의 ![반복 중단하기]를 연결합니다.

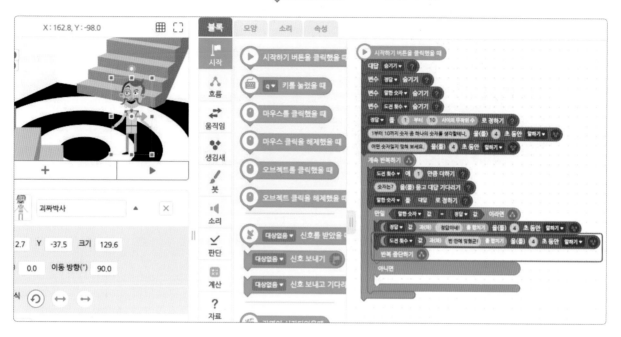

❿ [흐름]의 ![만일 참 이라면 아니면]을 연결하고, '참'에 [판단]의 ![10 > 10]을 가져다 넣습니다. 왼쪽 칸에 [자료]의 ![도전 횟수▾ 값]을 가져다 넣고 '정답'으로 변경합니다. 그리고 오른쪽 칸에 ![도전 횟수▾ 값]를 가져다 넣고 '말한 숫자'로 변경합니다.

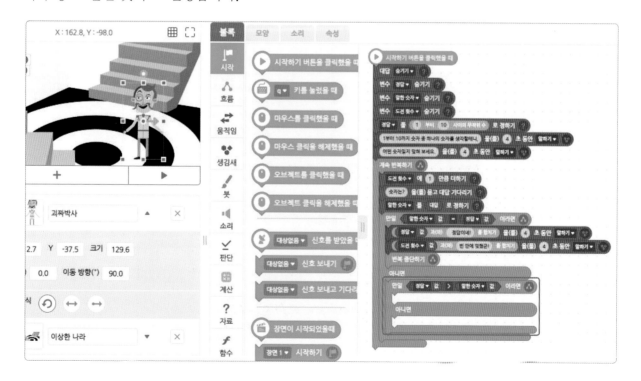

⑪ '참' 아래에 [생김새]의 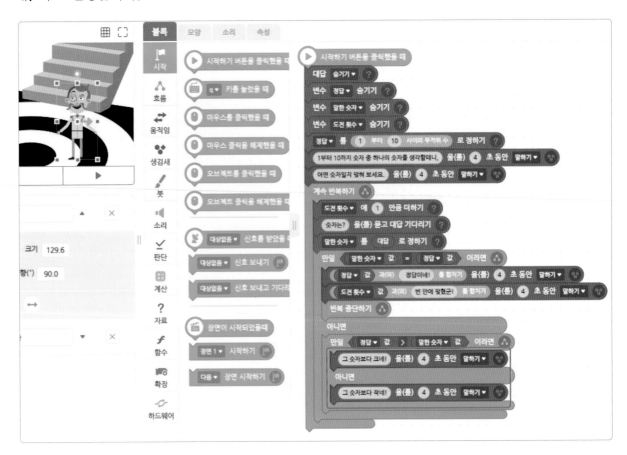 를 끼워 넣고, "그 숫자보다 크네!"라고 변경합
니다. 이어서 '아니면' 아래에 [생김새]의 를 끼워 넣고, "그 숫자보다 작
네!"라고 변경합니다.

위 그림처럼 숫자를 질문하면 실행 화면 밑에 네모 박스가 생기는데, 이 칸에 대답을 입력하면 됩니다. 대답을 입력하는
첫 번째 방법은 네모 박스 안에 숫자를 입력하고 ✔를 클릭하는 것이고, 두 번째 방법은 숫자를 입력하고 [엔터] 키를
누르는 것입니다.

예제 **1** 예제 파일을 불러와 다음의 조건에 맞게 코딩을 완성해 보세요.

조건
① 90~110까지의 무작위 숫자인 '램프 요정' 나이를 변수로 지정합니다.
② 나이를 맞힐 수 있는 힌트를 주고, 맞힐 때까지 반복합니다.

• 예제 파일 : 14-2.ent　• 완성 파일 : 14-2(완성).ent

예제 **2** 예제 파일을 불러와 다음의 조건에 맞게 코딩을 완성해 보세요.

조건
① '보물 상자'의 비밀번호는 두 개 숫자의 '합'입니다.
② 첫 번째 숫자는 1~10까지, 두 번째 숫자는 1~100까지의 무작위 수로 정합니다.
③ 한번에 정답을 맞히면 보물 상자가 사라지면서 보물이 나오고, 실패하면 처음부터 다시합니다.

• 예제 파일 : 14-3.ent　• 완성 파일 : 14-3(완성).ent

Chapter 15

즐거운 코딩 ⑤
생일 파티 메뉴 정하기

 다음의 조건을 이용해 코딩을 완성해 보세요.

① 두 가지 메뉴에 번호를 지정한 후, 번호를 입력하여 투표하도록 합니다.

② '확인 버튼'을 눌러서 결과 신호를 보내고, 투표 결과를 확인합니다.

③ 결과 신호를 받은 '요리사'가 투표 결과를 말해 줍니다.

• 예제 파일 : 15-1.ent   • 완성 파일 : 15-1(완성).ent

⭐ 코딩 이야기

❶ '치킨', '피자', '투표인원' 변수를 추가하는 코딩을 합니다.

❷ '확인 버튼' 오브젝트를 선택하고, 투표 결과 신호를 보낼 수 있도록 코딩합니다.

❸ '요리사(2)' 오브젝트를 선택합니다. 변수를 숨기고 투표 방법을 알려 주는 장면을 코딩합니다.

❹ '1'을 입력하면 '치킨'에 투표되고, '투표인원'이 계산되도록 코딩합니다. 그리고 '2'를 입력하면 '피자'에 투표되고, '투표인원'이 계산되도록 코딩합니다.

❺ '확인 버튼'을 눌러 투표 결과 신호를 받았을 때, '치킨'과 '피자'에 투표한 인원을 알려 주도록 코딩합니다. 그리고 투표 결과가 같은 경우 투표를 다시 하도록 코딩합니다.

❻ '피자'와 '치킨' 중 투표수가 많은 메뉴를 알려 주는 장면을 코딩합니다.

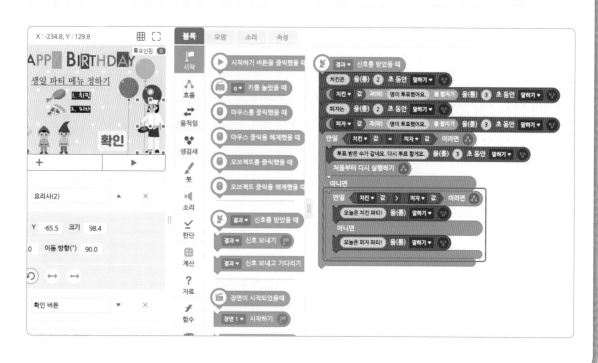

16

학습목표 🌱

붓 : 고흐의 캔버스

● [붓]의 '그리기' 블록을 활용하여 그림판을 만들어 봅니다.
● 마우스를 이용해서 그리기 기능을 활용하는 방법을 알아봅니다.
● '신호 보내기'와 '신호 받기' 기능을 활용하여 색연필의 색상이 변하는 방법을 알아봅니다.

• 예제 파일 : 16–1.ent • 완성 파일 : 16–1(완성).ent

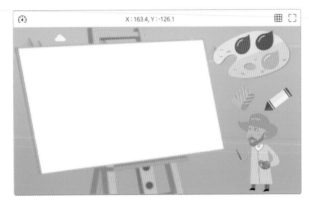

미션 **문제 해결 과제 | 순차, 반복, 조건, 신호**

필요한 오브젝트	주요 명령 블록

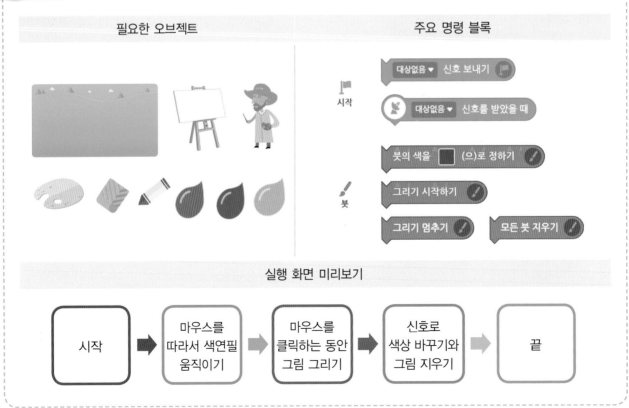

실행 화면 미리보기

시작 ➡ 마우스를 따라서 색연필 움직이기 ➡ 마우스를 클릭하는 동안 그림 그리기 ➡ 신호로 색상 바꾸기와 그림 지우기 ➡ 끝

❶ '16-1.ent' 예제 파일을 불러옵니다. [속성] 탭의 [신호]에서 '신호 추가'를 클릭하고 신호 이름을 '빨강'이라고 입력합니다. 계속 '신호 추가'를 클릭해서 '파랑', '노랑', '지우기' 신호를 추가합니다.

❷ '빨강 물감' 오브젝트를 선택하고, [시작]의 ⬤오브젝트를 클릭했을 때 와 ⬛대상없음▼ 신호 보내기 를 연결합니다. 그리고 신호 보내기의 목록 버튼(▼)을 클릭하여 '빨강'으로 변경합니다.

❸ '파랑 물감' 오브젝트를 선택하고, [시작]의  오브젝트를 클릭했을 때 와 대상없음▼ 신호 보내기 를 연결합니다. 그리고 신호 보내기의 목록 버튼(▼)을 클릭하여 '파랑'으로 변경합니다.

❹ '노랑 물감' 오브젝트를 선택하고, [시작]의 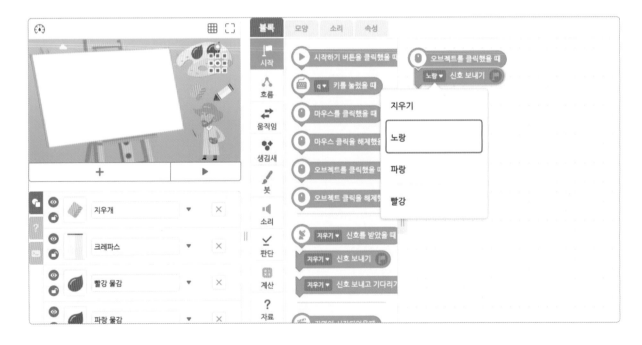 오브젝트를 클릭했을 때 와 대상없음▼ 신호 보내기 를 연결합니다. 그리고 신호 보내기의 목록 버튼(▼)을 클릭하여 '노랑'으로 변경합니다.

❺ '지우개' 오브젝트를 선택하고, [시작]의 (오브젝트를 클릭했을 때) 와 (대상없음 ▼ 신호 보내기) 를 연결합니다. 그리고 신호 보내기의 목록 버튼(▼)을 클릭하여 '지우기'로 변경합니다.

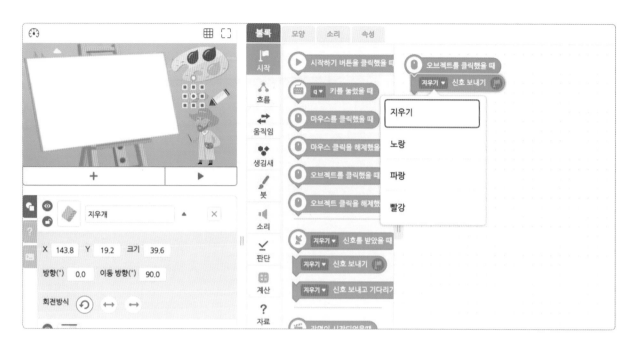

❻ '크레파스' 오브젝트를 선택하고, [시작]의 (대상없음 ▼ 신호를 받았을 때) 를 드래그합니다. 그리고 신호 목록 버튼(▼)을 클릭하여 '빨강'으로 변경합니다. [붓]의 (붓의 색을 ■ (으)로 정하기) 와 [생김새]의 ((1)엔트리봇_걷기1 모양으로 바꾸기) 를 연결하고, 목록 버튼(▼)을 클릭하여 '크레파스_빨강' 모양으로 변경합니다.

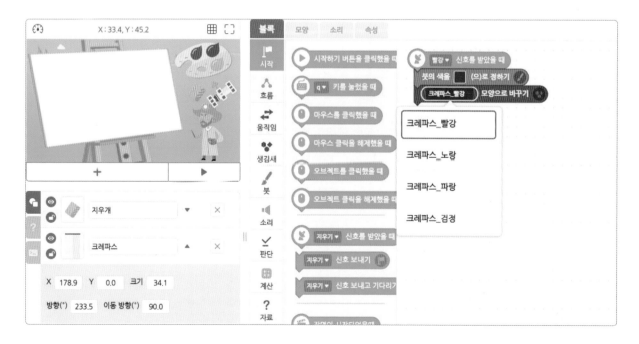

❼ ⑥의 [빨강 신호를 받았을 때] 블록에 마우스 오른쪽 버튼을 클릭해서 [코드 복사 & 붙여넣기]를 두 번 합니다.

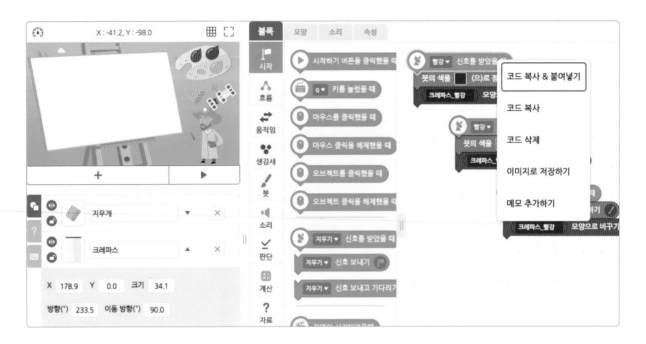

❽ 붙여 넣은 코드들의 '신호', '붓의 색', '모양'을 다음 그림과 같이 '파랑'과 '노랑'으로 변경합니다.

① 붓은 오브젝트의 중심점에서 선을 그립니다.

② '크레파스' 오브젝트의 뾰족한 심 부분에서 선이 그려 지도록 하려면, 오브젝트의 중앙에 있는 점을 마우스로 클릭해서 뾰족한 심이 있는 위치로 옮깁니다.

❾ [시작]의 ⬚대상없음▼ 신호 보내기 ⬚를 드래그하여 목록 버튼(▼)을 클릭하고, '지우기'로 변경합니다. 그리고
[붓]의 ⬚모든 붓 지우기 ⬚를 연결합니다.

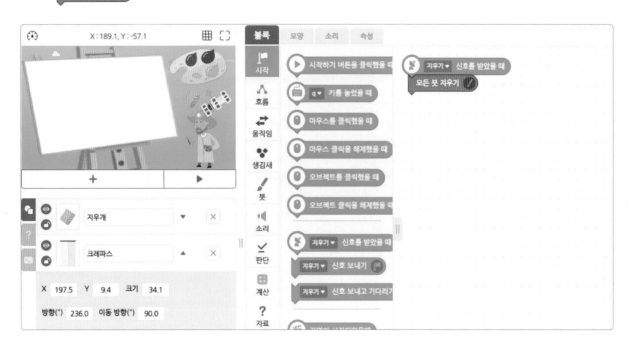

❿ [시작]의 ⬚마우스를 클릭했을 때 ⬚와 [붓]의 ⬚그리기 시작하기 ⬚를 연결합니다. [시작]의 ⬚마우스 클릭을 해제했을 때 ⬚와
[붓]의 ⬚그리기 멈추기 ⬚를 연결합니다.

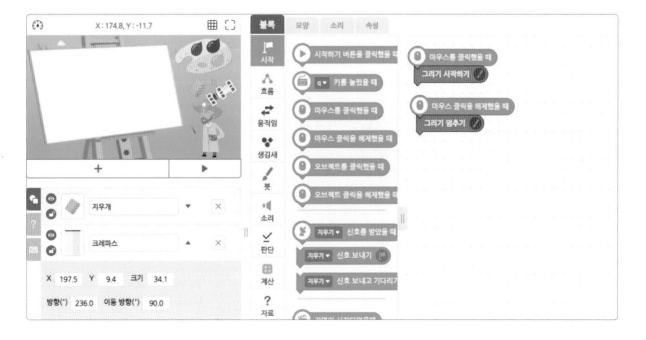

⑪ [시작]의 와 [흐름]의 를 연결합니다. [계속 반복하기] 안쪽에 **[움직임]**의 를 끼워 넣고, 목록 버튼(▼)을 클릭하여 '마우스포인터'로 변경합니다.

⑫ [흐름]의 을 연결합니다. '참'에 **[판단]**의 를 끼워 넣고, 'q'를 '스페이스'로 변경합니다. 그리고 **[움직임]**의 와 [흐름]의 를 연결한 다음, x를 '180', y를 '0'으로 변경합니다.

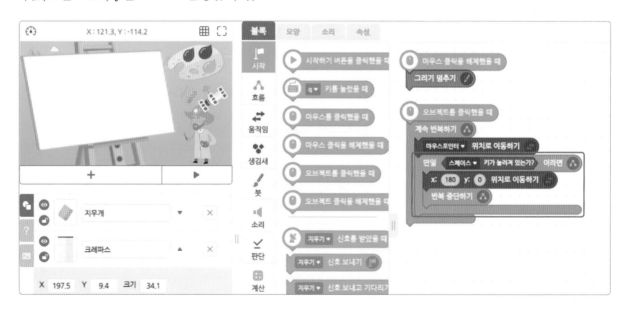

키보드의 [스페이스] 키를 누르면 '크레파스'가 처음 위치로 이동하는데요. 이때 크레파스의 색깔을 바꿀 수 있답니다!

Chapter 16
더 만들어 보기

예제 1 예제 파일을 불러와 다음의 조건에 맞게 코딩을 완성해 보세요.

조건
① 위쪽 화살표를 누르면 선 굵기가 굵어지고, 아래쪽 화살표를 누르면 선 굵기가 얇아집니다.
② 오른쪽 화살표를 누르면 붓의 색이 투명해지고, 왼쪽 화살표를 누르면 붓의 색이 진해집니다.

• 예제 파일 : 16-2.ent　• 완성 파일 : 16-2(완성).ent

예제 2 예제 파일을 불러와 다음의 조건에 맞게 코딩을 완성해 보세요.

조건
① '크레파스'가 마우스 포인터를 따라 이동하며, 마우스를 클릭하면 그리기 시작합니다.
② '크레파스'의 색상이 계속 변하는 스크래치 종이의 효과를 줍니다.
③ [스페이스] 키를 누르면, 그린 그림이 지워집니다.

• 예제 파일 : 16-3.ent　• 완성 파일 : 16-3(완성).ent

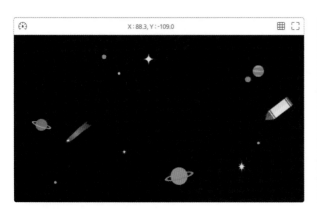
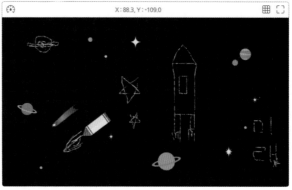

소리 : 학예 발표회

● 소리 재생하기 기능을 활용하여 악기를 만들어 봅니다.
● 키보드의 [숫자] 키를 눌러 연주되는 피아노를 만드는 방법을 알아봅니다.
● 연주자를 마우스로 클릭하면 반주 기능이 되는 비트박스를 만들어 봅니다.

• 예제 파일 : 17-1.ent • 완성 파일 : 17-1(완성).ent

미션 문제 해결 과제 | 순차, 반복

필요한 오브젝트	주요 명령 블록

시작
- 오브젝트를 클릭했을 때
- q ▼ 키를 눌렀을 때

소리
- 소리 대상없음 ▼ 재생하기
- 소리 크기를 10 % 만큼 바꾸기

생김새
- 다음 ▼ 모양으로 바꾸기

실행 화면 미리보기

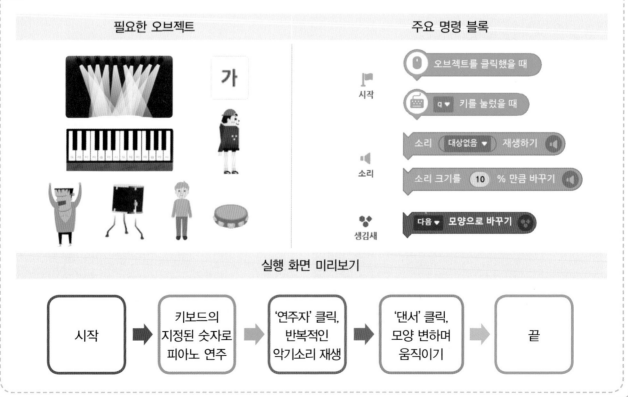

시작 → 키보드의 지정된 숫자로 피아노 연주 → '연주자' 클릭, 반복적인 악기소리 재생 → '댄서' 클릭, 모양 변하며 움직이기 → 끝

❶ '17-1.ent' 예제 파일을 불러옵니다. '피아노' 오브젝트를 선택하고, [소리] 탭의 [소리 추가하기]를 클릭하여 창이 열리면 [악기]-[피아노]에서 '피아노_04도'부터 '피아노_11높은도'까지 선택하고 [추가하기] 버튼을 클릭합니다.

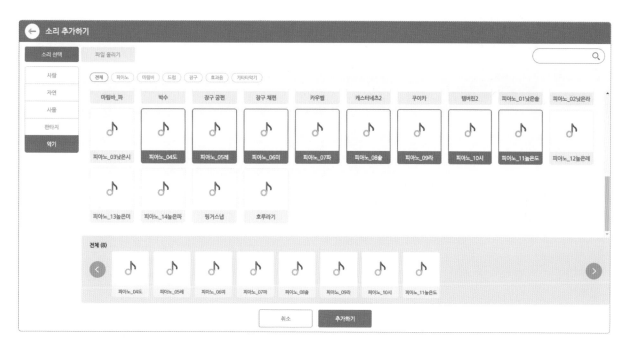

❷ '피아노' 오브젝트에 '도~높은 도' 음정이 만들어 지도록 [시작]의 (⌨ q▼ 키를 눌렀을 때)와 [소리]의 (🔊 소리 피아노_04도▼ 재생하기 🔊)를 연결합니다. 'q'칸을 숫자 '1'로 변경합니다.

❸ ②에서 조립한 블록을 7번 [코드 복사 & 붙여넣기]합니다. 그리고 다음 그림과 같이 (⌨ q▾ 키를 눌렀을 때)를 숫자 '2'부터 숫자 '8'까지 변경하고, (소리 피아노_04도▾ 재생하기 🔊)를 '피아노_05레'부터 '피아노_11높은도'까지 변경합니다.

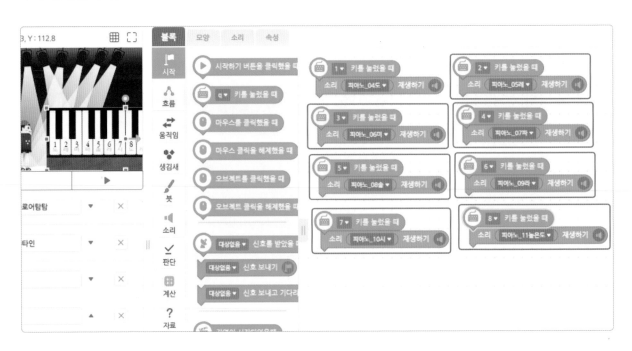

❹ 소리의 크기를 조정하도록 [시작]의 (⌨ q▾ 키를 눌렀을 때)와 [소리]의 (소리 크기를 10 % 만큼 바꾸기 🔊)를 연결합니다. 그리고 'q'를 '위쪽 화살표'로 변경합니다.

❺ [시작]의 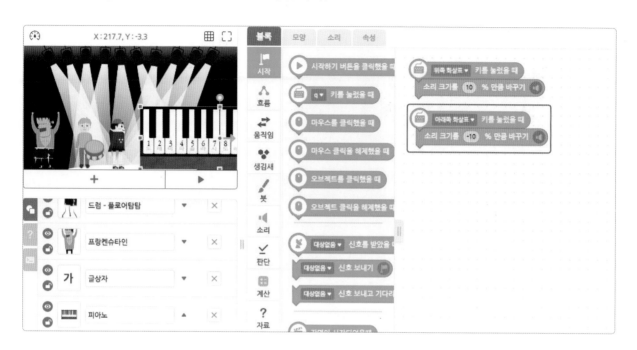 와 [소리]의 소리 크기를 10 % 만큼 바꾸기 를 연결합니다. 'q'를 '아래쪽 화살표'로 변경하고, 소리 크기를 '−10'으로 변경합니다.

❻ 드럼 연주자인 '프랑켄슈타인' 오브젝트를 선택합니다. [소리] 탭의 [소리 추가하기]를 클릭하여 창이 열리면, [악기]−[드럼]에서 '드럼 작은북'을 선택하고 [추가하기] 버튼을 클릭합니다.

❼ [시작]의 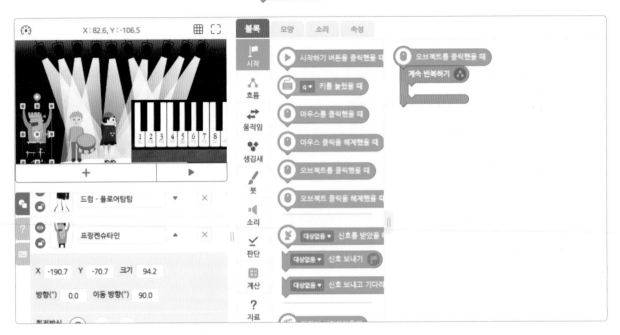 마우스 클릭을 해제했을 때 와 [흐름]의 계속 반복하기 를 연결합니다.

❽ [소리]의 소리 드럼 작은북 ▼ 재생하기 와 [생김새]의 다음 ▼ 모양으로 바꾸기 를 연결합니다. 그리고 [흐름]의 2 초 기다리기 를 연결한 다음, 시간을 '0.5'초로 변경합니다.

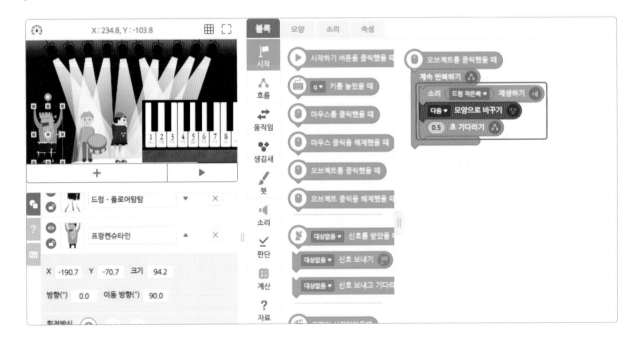

❾ '인사하는 사람(1)' 오브젝트를 선택합니다. [소리] 탭의 [소리 추가하기]를 클릭하여 창이 열리면, [악기]-[기타타악기]에서 '탬버린2'을 선택하고 [추가하기] 버튼을 클릭합니다.

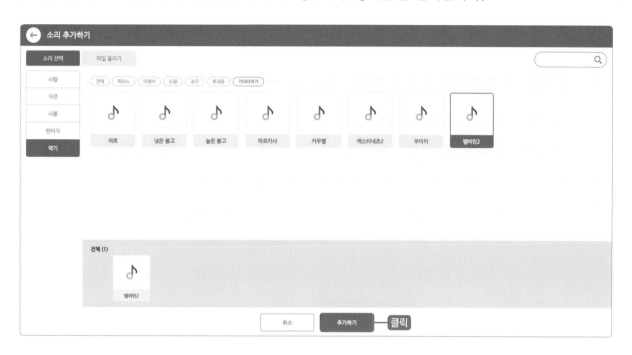

❿ [시작]의 ⦿ 오브젝트를 클릭했을 때 와 [흐름]의 ⟮계속 반복하기⟯ 를 연결합니다.

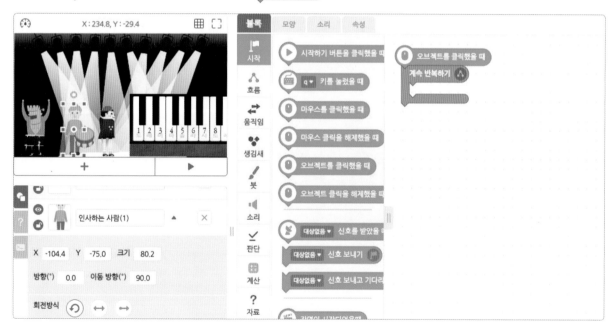

[소리 추가]에서 선택한 소리는 지속적으로 재생되지 않아요. 그렇기 때문에 '효과음'이 아닌 '연주음'을 표현하기 위해서는 [계속 반복하기] 코드를 사용하여 지속적으로 소리가 재생될 수 있도록 해야 해요!

⓫ [소리]의 [소리 탬버린2▼ 재생하기]와 [생김새]의 [다음▼ 모양으로 바꾸기]를 연결합니다. 그리고 [흐름]의 [2 초 기다리기]를 연결하고 시간을 '0.3'초로 변경합니다.

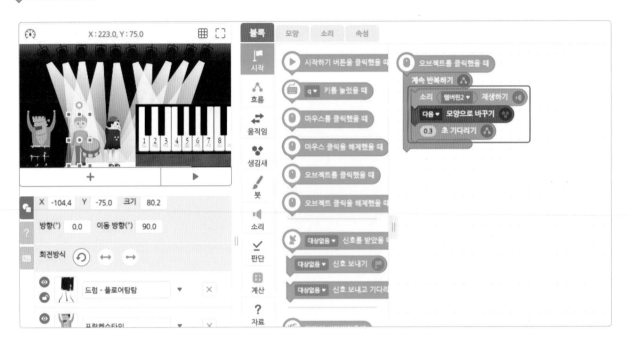

⓬ '개구쟁이' 오브젝트를 선택합니다. 음악에 맞춰 춤추는 댄서가 표현되도록 [시작]의 [오브젝트를 클릭했을 때]와 [흐름]의 [계속 반복하기]를 연결합니다. 그리고 [생김새]의 [다음▼ 모양으로 바꾸기]와 [흐름]의 [2 초 기다리기]를 연결하고 시간을 '0.5'초로 변경합니다.

예제 **1** 예제 파일을 불러와 다음의 조건에 맞게 코딩을 완성해 보세요.

조건
① 마림바 음계에 맞춰서 마림바 소리를 추가합니다.
② 마림바를 클릭하면 마림바가 커졌다 작아지며 소리가 재생됩니다.
③ 동요 제목을 클릭하면 클릭한 동요의 계이름만 보이게 합니다.

• 예제 파일 : 17-2.ent   • 완성 파일 : 17-2(완성).ent

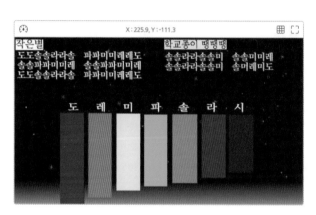
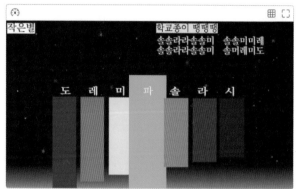

예제 **2** 예제 파일을 불러와 다음의 조건에 맞게 코딩을 완성해 보세요.

조건
① 오브젝트를 추가하여 드럼 세트를 구성합니다.
② 드럼을 종류별로 클릭하면 반복해서 소리를 재생합니다.
③ 각각의 드럼을 클릭하면 소리가 재생되면서 드럼 크기가 커졌다 작아졌다 합니다.

• 예제 파일 : 17-3.ent   • 완성 파일 : 17-3(완성).ent

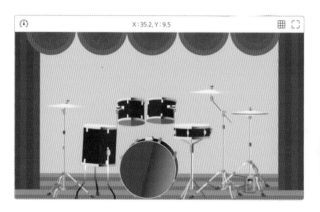

재미 up 창의력 up

즐거운 코딩 ⑥

고흐의 미디어아트

 다음의 조건을 이용해 코딩을 완성해 보세요.

① '큰별(노랑)'을 클릭하면 마우스 위치로 이동하고, 마우스를 클릭하면 '큰별(노랑)'이 복제됩니다.

② 복제된 별은 반짝거리면서 색깔이 변합니다.

③ [엔터] 키를 누르면 음악이 연주되고, [Esc] 키를 누르면 음악이 멈춥니다.

• 예제 파일 : 18-1.ent　• 완성 파일 : 18-1(완성).ent

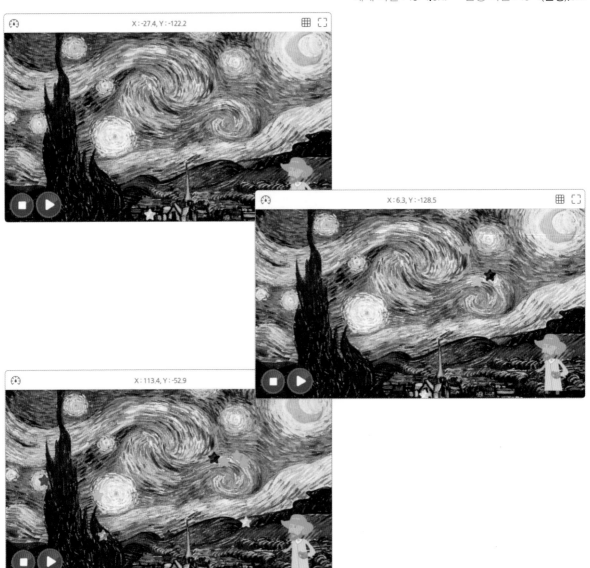

⭐ 코딩 이야기

❶ '큰별(노랑)' 오브젝트를 선택하고, '마우스포인터' 위치로 이동하도록 코딩합니다. 그리고 마우스를 클릭했을 때 '큰별(노랑)'이 복제되도록 코딩합니다.

❷ '큰별(노랑)'이 복제되었을 때, 계속해서 색깔이 변하면서 반짝이는 효과가 나타나도록 코딩합니다.

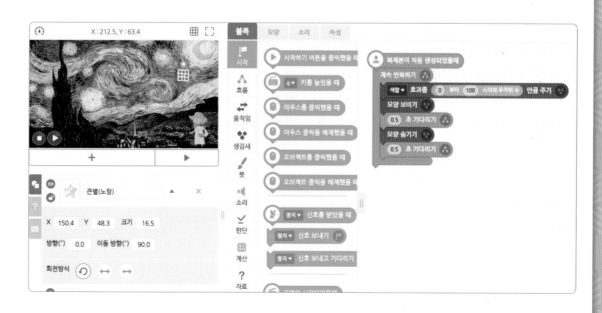

❸ '둥근버튼(정지)' 오브젝트를 선택하고, [Esc] 키를 눌렀을 때 정지 신호를 보내도록 코딩합니다.

❹ '둥근버튼(앞/뒤)' 오브젝트를 선택하고, [엔터] 키를 눌렀을 때 음악이 재생되도록 코딩합니다.

❺ 정지 신호를 받으면 음악 재생이 멈추도록 코딩합니다.

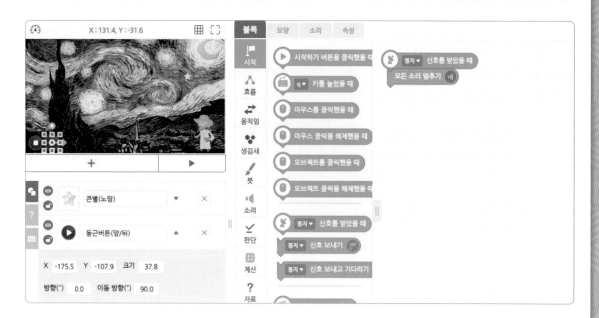

무작위 수 만들기

- 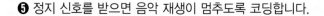 블록을 사용하면 지정한 범위 사이의 무작위 수를 만들어 냅니다.
- 이 범위를 자연수(정수)로 지정하면 자연수(정수)만 만들고, 소수로 지정하면 소수(소수 둘째 자리까지)로 만들어 냅니다.

블록	만들어 내는 수
1 부터 3 사이의 무작위 수	1, 2, 3
1.0 부터 3.0 사이의 무작위 수	1.00, ⋯1.34, ⋯2.55, ⋯3.00

Chapter 19

리스트 : 술래 정하기

학습목표

● 리스트를 사용하는 개념을 이해합니다.
● 학생들의 이름을 입력하여 명단 리스트로 만들고, 리스트 명단 중 한 명을 무작위로 지정하여 이름을 말하는 방법을 알아봅니다.
● 글상자를 활용하여 원하는 글자를 추가하는 방법에 대해 알아봅니다.

• 예제 파일 : 19-1.ent • 완성 파일 : 19-1(완성).ent

미션 문제 해결 과제 | 순차, 반복, 변수, 리스트

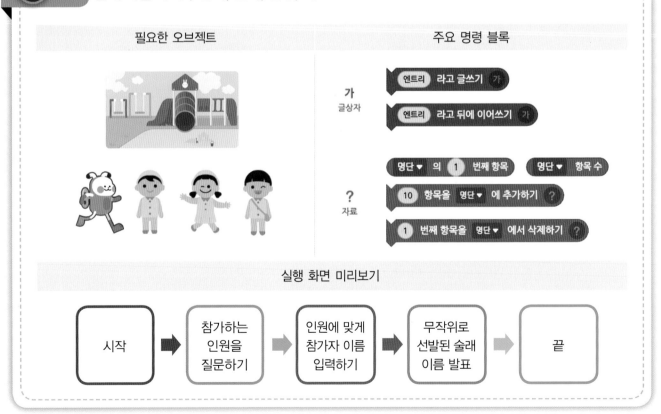

필요한 오브젝트

주요 명령 블록

가
글상자

    엔트리 라고 글쓰기 가

    엔트리 라고 뒤에 이어쓰기 가

?
자료

    명단 ▼ 의 1 번째 항목   명단 ▼ 항목 수

    10 항목을 명단 ▼ 에 추가하기 ?

    1 번째 항목을 명단 ▼ 에서 삭제하기 ?

실행 화면 미리보기

시작 → 참가하는 인원을 질문하기 → 인원에 맞게 참가자 이름 입력하기 → 무작위로 선발된 술래 이름 발표 → 끝

❶ '19-1.ent' 예제 파일을 불러옵니다. [속성] 탭의 [리스트]에서 '리스트 추가하기'를 클릭하고, 리스트 이름을 '명단'이라고 입력합니다.

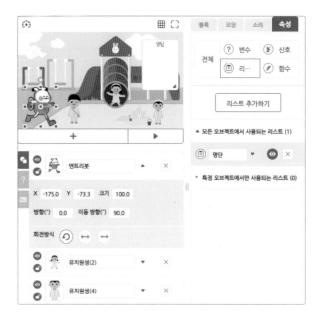

❷ [속성] 탭의 [변수]에서 '변수 추가하기'를 클릭하고 변수 이름을 '술래'라고 입력합니다. 그리고 [속성] 탭의 [신호]에서 '신호 추가하기'를 클릭하고 신호 이름을 '결과'라고 입력합니다.

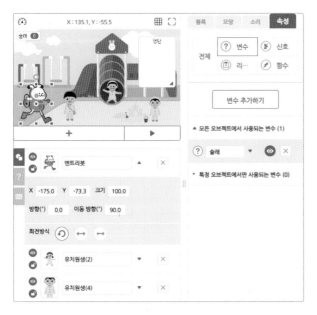 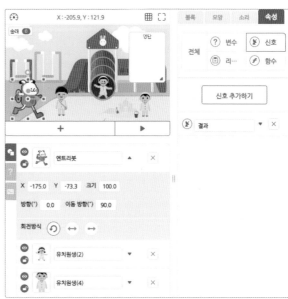

❸ '엔트리봇' 오브젝트를 선택한 후 [시작]의 ▶ 시작하기 버튼을 클릭했을 때 와 [자료]의 대답 숨기기 ▼ ? ,
변수 술래 ▼ 숨기기 ? 를 연결합니다.

❹ [생김새]의 안녕! 을(를) 4 초 동안 말하기 ▼ 🙂 를 연결하고, "술래잡기를 하는구나! 내가 술래를 정해 줄
까?"로 변경합니다. 그리고 [자료]의 안녕! 을(를) 묻고 대답 기다리기 ? 를 연결하고, "모두 몇 명이니?"로 변경
합니다.

'대답'과 '변수'는 필요에 따라 실행 화면에서 숨기지 않아도 되는 경우가 있습니다. 그러나 이 단원에서는 술래 변수를
숨기지 않으면 술래가 발표되기 전에 술래 이름이 보이게 되므로 작품의 완성도가 떨어지게 됩니다. 꼭 술래 변수를 숨겨
주세요!

❺ [흐름]의 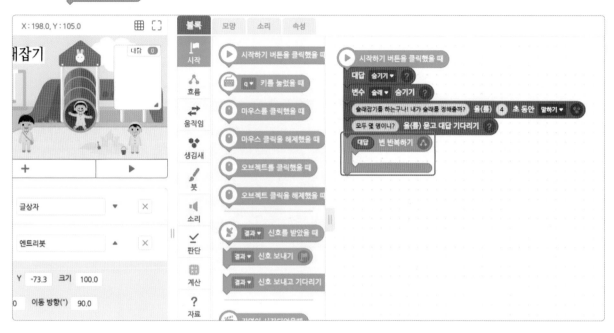 를 연결한 다음, [자료]의 **대답** 을 끼워 넣습니다.

❻ [자료]의 **안녕! 을(를) 묻고 대답 기다리기** 를 연결하고, "이름은?"으로 변경합니다. 그리고 [자료]의 **10 항목을 명단▼ 에 추가하기** 를 연결하고, [자료]의 **대답** 을 끼워 넣습니다.

리스트를 생성하면 실행 화면에 '리스트 창'이 나타납니다. 리스트 창은 마우스로 드래그하여 원하는 크기와 위치로 설정할 수 있습니다.

❼ [자료]의  술래▼ 를 10 로 정하기 ? 를 연결하고, [자료]의 명단▼ 의 1 번째 항목 을 끼워 넣습니다. 그리고 다시 [계산]의 0 부터 10 사이의 무작위 수 를 끼워 넣은 후, '0'은 '1'로 변경하고 '10' 칸에 [자료]의 명단▼ 항목 수 를 가져다 넣습니다.

Tip

술래 정하기 블록 조립도

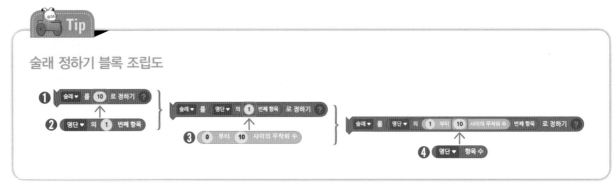

❽ [생김새]의 안녕! 을(를) 말하기▼ 를 연결하고 "술래는~"으로 변경합니다. [흐름]의 10 번 반복하기 를 연결하고, 반복 횟수를 '20번'으로 변경합니다.

❾ 드럼 소리 추가를 위해서 [소리 선택] 탭의 [악기]–[드럼]에서 '드럼 작은북2'를 클릭하고 적용하기
버튼을 클릭합니다. [소리]의 소리 강아지 짖는소리 ▼ 재생하기 를 연결해서 '드럼 작은북2'로 변경합니다.
그리고 [흐름]의 2 초 기다리기 를 연결하고 '0.1초'로 변경합니다.

❿ [시작]의 결과▼ 신호 보내기 와 [생김새]의 말하기 지우기 를 연결합니다.

Tip

변수는 하나의 이름에 하나의 값만 저장되지만, 리스트는 하나의 이름에 여러 개의 값을 저장하고 처리할
수 있어서 많은 양의 값을 사용할 때 편리합니다. '명단'이라는 이름으로 여러 학생들의 이름을 번호대로
저장해 두었다가, 발표자나 술래를 정할 때 이름 대신 번호를 이용해서 무작위로 뽑는다면 보다 빠르게
처리할 수 있습니다.

명단	
1	이우빈
2	김아윤
3	조하은
4	김성빈
5	박준희

⑪ ￼[+] 버튼을 클릭하고, [글상자] 탭을 선택합니다. 글상자의 내용에 '술래잡기'를 입력하고 [적용하기] 버튼을 클릭합니다.

⑫ '글상자' 오브젝트를 선택합니다. [시작]의 ￼결과▼ 신호를 받았을 때 와 [글상자]의 ￼엔트리 라고 글쓰기 가 를 연결하고 '엔트리'를 "술래는∨(한 칸 띄기)"이라고 변경합니다. 그리고 ￼엔트리 라고 뒤에 이어쓰기 가 를 연결하고, [자료]의 ￼술래▼ 값 을 끼워 넣습니다.

예제 **1** 예제 파일을 불러와 다음의 조건에 맞게 코딩을 완성해 보세요.

조건
① '금발 왕자'가 참석자 인원을 물어 봅니다.
② 참석자 명단을 입력하고, '금발 왕자'와 같이 춤을 출 주인공을 선발합니다.

• 예제 파일 : 19-2.ent   • 완성 파일 : 19-2(완성).ent

예제 **2** 예제 파일을 불러와 다음의 조건에 맞게 코딩을 완성해 보세요.

조건
① 참가자 명단을 입력합니다.
② 세계 여행 당첨자 2명을 추첨해서 차례대로 이름을 부릅니다.
③ 첫 번째 당첨자는 명단에서 삭제를 해서 당첨이 중복되지 않게 합니다.

• 예제 파일 : 19-3.ent   • 완성 파일 : 19-3(완성).ent

Chapter 20

리스트 : 영어 단어장

학습목표

- 두 개의 리스트를 활용하는 방법을 알아봅니다.
- 첫 번째 리스트와 두 번째 리스트를 각각 입력하고 비교 연산을 활용하여 원하는 결과를 얻는 방법을 알아봅니다.
- 원하는 결과를 얻은 횟수를 누적하여 점수로 계산하는 방법을 알아봅니다.

• 예제 파일 : 20-1.ent • 완성 파일 : 20-1(완성).ent

미션 | 문제 해결 과제 | 순차, 조건, 반복, 변수, 리스트

필요한 오브젝트	주요 명령 블록

흐름

참 이(가) 될 때까지 기다리기

자료

리스트 단어 뜻 ▼ 보이기 ?

리스트 단어 뜻 ▼ 숨기기 ?

실행 화면 미리보기

시작 ➡ 첫 번째 리스트에 단어 입력 ➡ 두 번째 리스트에 단어 뜻 입력 ➡ 단어의 뜻 맞히기 ➡ 끝

❶ '20-1.ent' 예제 파일을 불러옵니다. [속성] 탭의 [리스트]에서 '리스트 추가하기'를 클릭한 후, 리스트 이름을 '영어 단어'라고 입력하고 [확인] 버튼을 클릭합니다. 한 번 더 '리스트 추가하기'를 클릭한 후, 리스트 이름을 '단어 뜻'이라고 입력하고 [확인] 버튼을 클릭합니다.

❷ [속성] 탭의 [변수]에서 '변수 추가하기'를 클릭한 후, 변수 이름을 '문제 번호'라고 입력하고 [확인] 버튼을 클릭합니다. 한 번 더 '변수 추가하기'를 클릭한 후, 변수 이름을 '점수'라고 입력하고 [확인] 버튼을 클릭합니다.

❸ [시작]의 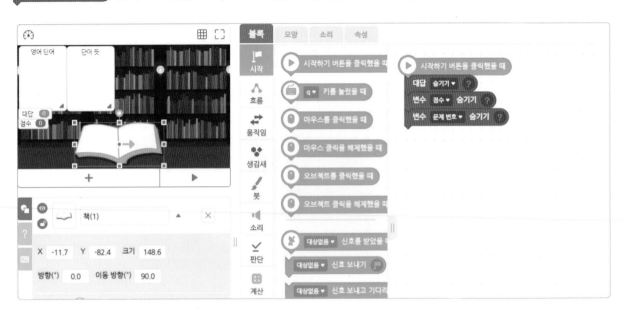 와 [자료]의 를 연결합니다. 이어서 [자료]의 를 두 개 연결하고, 목록 버튼(▼)을 클릭하여 '점수'와 '문제 번호'로 변경합니다.

❹ [생김새]의 를 연결하고, "오늘도 5개 영어 단어를 외어 보아요!"로 변경합니다. 그리고 [흐름]의 를 연결하고, 반복 횟수를 '5번'으로 변경합니다.

 Tip

변수를 생성하면 화면에 '변수창'이 나타나는데, 이 창은 '변수 숨기기/보이기' 블록으로 실행 화면에 보이거나 숨길 수 있습니다. 또한, [속성] 탭의 [변수]에서 '변수 보이기'를 체크 해제하여 실행 화면에 보이지 않게 할 수 있습니다.

❺ [자료]의 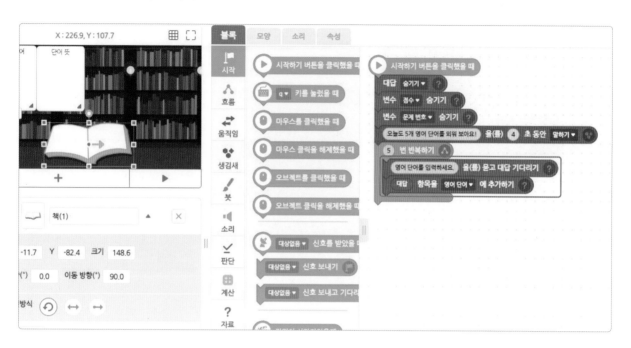를 연결하고, 첫 번째 블록은 "영어 단어를 입력하세요."로 변경합니다. 두 번째 블록에는 [대답]을 가져다 넣고, 목록 버튼(▼)을 클릭하여 '영어 단어'로 변경합니다.

❻ [자료]의 [안녕! 을(를) 묻고 대답 기다리기 ?]와 [10 항목을 단어뜻▼ 에 추가하기 ?]를 연결하고, 첫 번째 블록은 "단어 뜻을 입력하세요."로 변경합니다. 두 번째 블록에는 [대답]을 가져다 넣고, 목록 버튼(▼)을 클릭하여 '단어 뜻'으로 변경합니다.

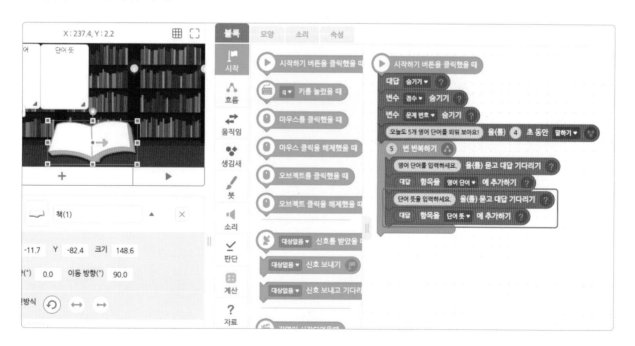

❼ [생김새]의 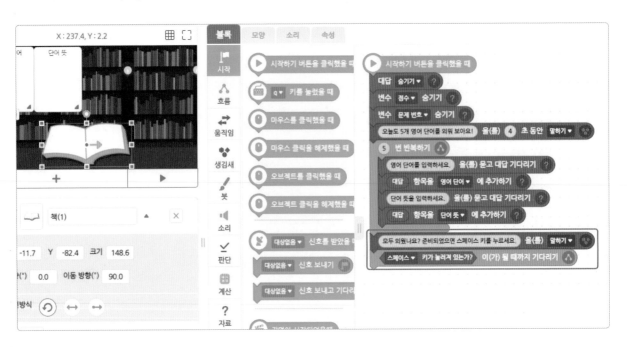 안녕! 을(를) 말하기 ▼ 를 연결하고, "모두 외웠나요? 준비되었으면 스페이스 키를 누르세요."로 변경합니다. [흐름]의 참 이(가) 될 때까지 기다리기 를 연결하고 '참'에 [판단]의 q ▼ 키가 눌러져 있는가? 를 가져다 넣은 후, 'q'를 '스페이스' 키로 변경합니다.

❽ [생김새]의 말하기 지우기 를 연결합니다. [자료]의 리스트 단어 뜻 ▼ 숨기기 를 두 개 연결하고, 목록 버튼 (▼)을 클릭하여 '단어 뜻'과 '영어 단어'로 변경합니다.

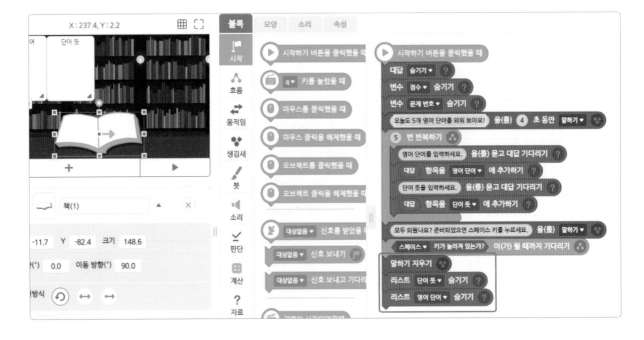

❾ [흐름]의 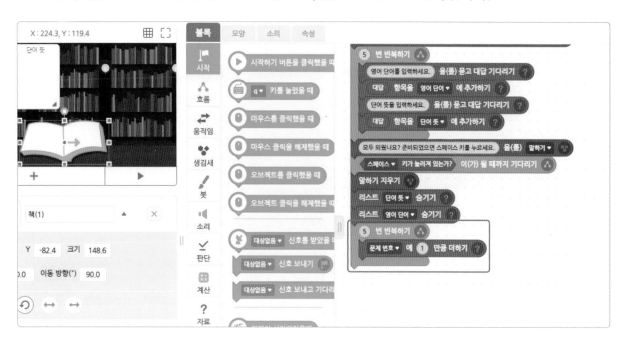를 연결하고, '5번'으로 변경합니다. [자료]의 █점수▼ 에 ⑩ 만큼 더하기 ?█를 연결하고, 목록 버튼(▼)을 클릭하여 '문제 번호'로 변경한 후, 숫자 '10'을 '1'로 변경합니다.

❿ [자료]의 █안녕! 을(를) 묻고 대답 기다리기 ?█를 연결한 후, █단어 뜻▼ 의 ① 번째 항목█을 가져다 넣고 목록 버튼(▼)을 클릭하여 '영어 단어'로 변경합니다. 그리고 █점수▼ 값█을 가져다 넣고, 목록 버튼(▼)을 클릭하여 '문제 번호'로 변경합니다.

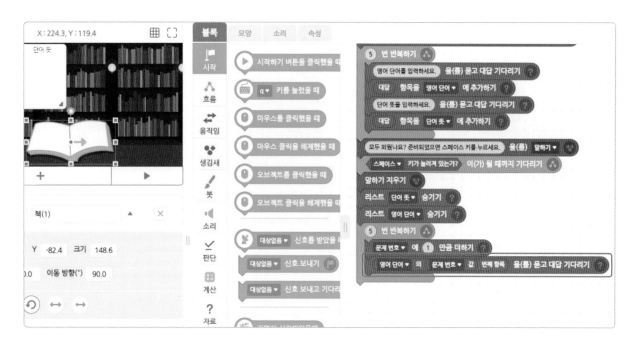

⑪ [흐름]의 을 연결하고, '참'에 [판단]의 `10 = 10`를 가져다 넣습니다. 왼쪽 칸에는 [자료]의 `대답`을, 오른쪽 칸에는 `단어 뜻▼ 의 1 번째 항목`을 가져다 넣습니다. 그리고 '1'에 `점수▼ 값`을 가져다 넣고 목록 버튼(▼)을 클릭하여 '문제 번호'로 변경합니다.

⑫ [생김새]의 `안녕! 을(를) 4 초 동안 말하기▼`를 연결하고, "딩동댕!"과 '2'로 변경합니다. 그리고 [자료]의 `점수▼ 에 10 만큼 더하기`를 연결한 후, 목록 버튼(▼)을 클릭하여 '점수'로 변경하고, 숫자 '10'을 '1'로 변경합니다.

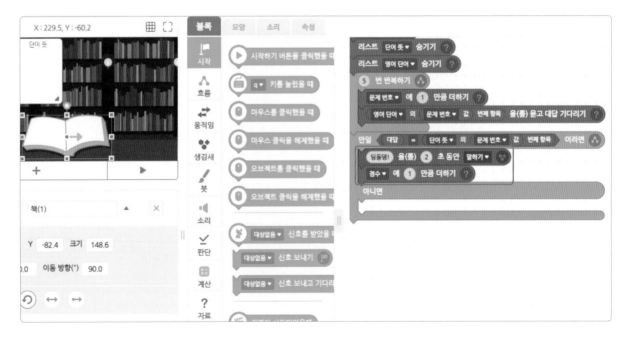

⓭ [아니면] 아래에 [생김새]의 `안녕! 을(를) 4 초 동안 말하기` 를 연결하고, "땅!"과 '2'로 변경합니다.

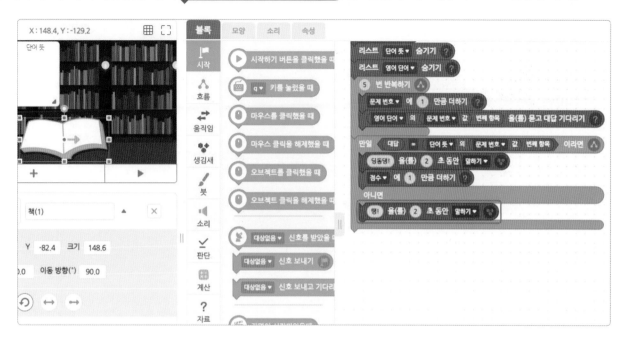

⓮ 마지막으로 [반복하기] 블록 아래에 [생김새]의 `안녕! 을(를) 말하기` 를 연결하고, '안녕'에 [계산]의 `안녕! 과(와) 엔트리 를 합치기` 를 가져다 넣습니다. 그리고 '안녕'에는 [자료]의 `점수▼ 값` 을 가져다 넣고, '엔트리'는 "개 단어를 외웠네요."라고 변경합니다.

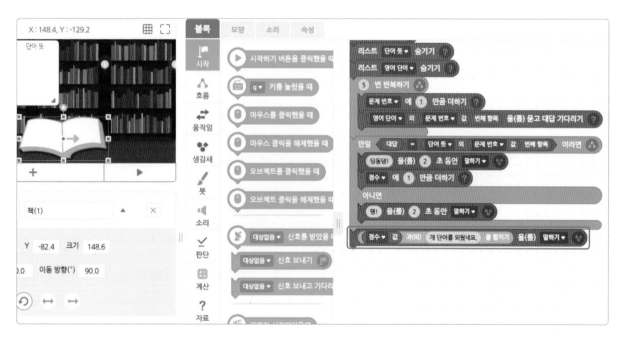

더 만들어 보기

예제 **1** 예제 파일을 불러와 다음의 조건에 맞게 코딩을 완성해 보세요.

조건
① 세계 나라의 수도 이름을 묻고 답하도록 합니다.
② 점수를 계산하여 4점 이하이면 "노력하세요.", 이상이면 "잘했어요."라고 말합니다.

• 예제 파일 : 20-2.ent • 완성 파일 : 20-2(완성).ent

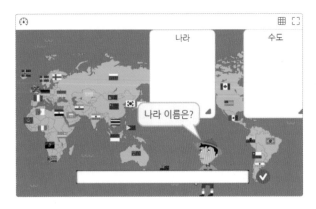 

예제 **2** 예제 파일을 불러와 다음의 조건에 맞게 코딩을 완성해 보세요.

조건
① 각각의 지역으로 나뉜 지도 위에서 마우스를 클릭하면, 해당 지역의 크기가 커지면서 지명을 물어 봅니다.
② 맞힌 지명과 틀린 지명의 리스트를 따로 만듭니다.
③ 지명을 틀리게 답하면 지도색이 변합니다.

• 예제 파일 : 20-3.ent • 완성 파일 : 20-3(완성).ent

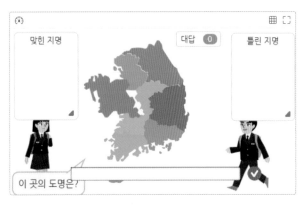 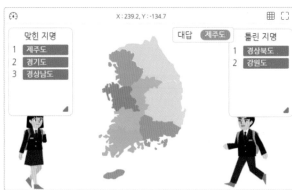

Chapter 21

즐거운 코딩 ⑦

영단어 암기 테스트

재미 up 창의력 up

다음의 조건을 이용해 코딩을 완성해 보세요.

① 암기할 영어 단어의 개수를 입력하고, 입력한 개수만큼 영어 단어와 뜻을 입력합니다.

② 무작위 순서로 영어 단어의 뜻을 질문을 하고, 정답을 맞히면 단어장에서 단어를 삭제합니다.

③ 정답을 모두 맞힐 때까지 반복하고, 모두 끝나면 오늘 틀렸던 단어와 빈도를 보여 줍니다.

• 예제 파일 : 21-1.ent • 완성 파일 : 21-1(완성).ent

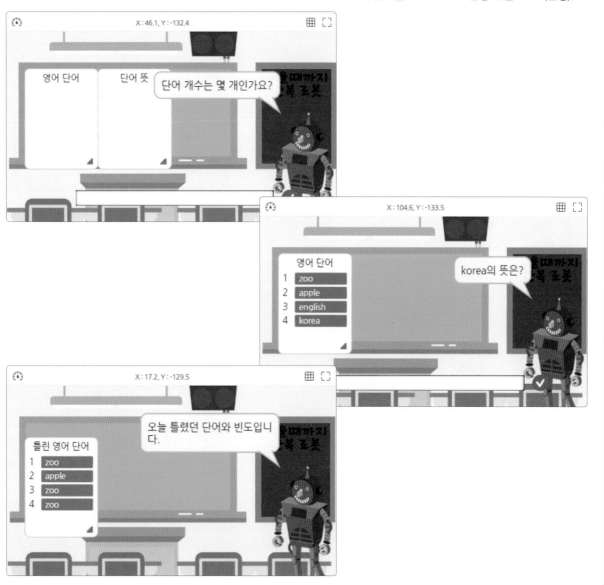

⭐ 코딩 이야기

❶ '영어 단어', '단어 뜻', '틀린 단어' 리스트를 추가합니다. 그리고 '단어 순번', '맞힌 개수', '단어 개수' 변수를 추가하는 코딩을 합니다.

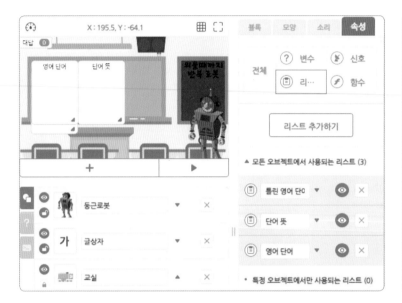

❷ 리스트에서 '틀린 영어 단어', 변수에서 '단어 개수', '맞힌 개수', '단어 순번'이 실행 화면에 보이지 않도록 코딩합니다.

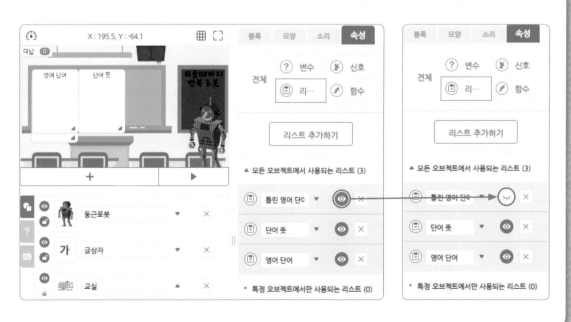

❸ 단어의 개수를 물어보고, 대답을 '단어 개수' 변수로 정합니다. 그리고 단어 개수만큼 입력할 영어 단어를 물어보고, 대답을 '영어 단어' 리스트에 추가하도록 코딩합니다. 또, 대답을 '단어 뜻' 리스트에 추가하도록 합니다.

❹ 영어 단어 암기 테스트 시작을 알리고, 입력된 '단어 뜻' 리스트를 숨기도록 코딩합니다.

❺ 무작위로 영어 단어의 순서를 정해서, 단어의 뜻을 물어보도록 코딩합니다.

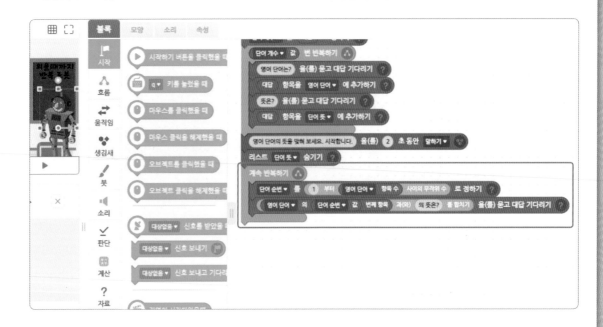

❻ 대답이 단어의 뜻과 같은지 확인하도록 코딩합니다. 그리고 정답이면 "맞습니다!"라고 말하고, 맞힌 영어 단어와 단어 뜻을 리스트에서 삭제하도록 코딩합니다.

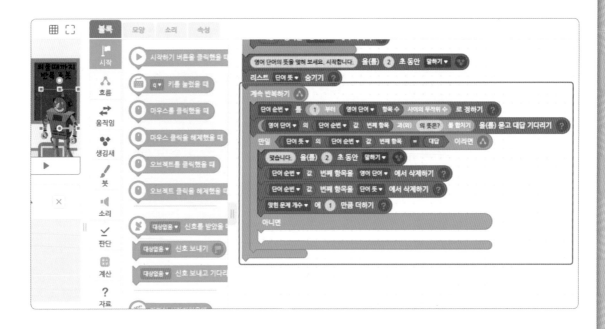

❼ 모두 맞힌 경우(입력한 단어의 개수 = 맞힌 단어의 개수), 테스트가 끝나도록 코딩합니다. 그리고 오답이면 "스튜핏!"이라고 말하고, 틀린 영어 단어를 '틀린 영어 단어' 리스트에 추가하도록 코딩합니다.

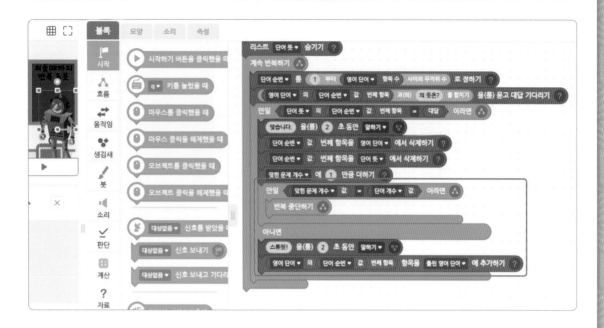

❽ 테스트가 끝나면, 오늘의 틀린 단어와 틀린 빈도를 알려 주는 안내와 함께 '틀린 영어 단어' 리스트를 보여 주도록 코딩합니다.

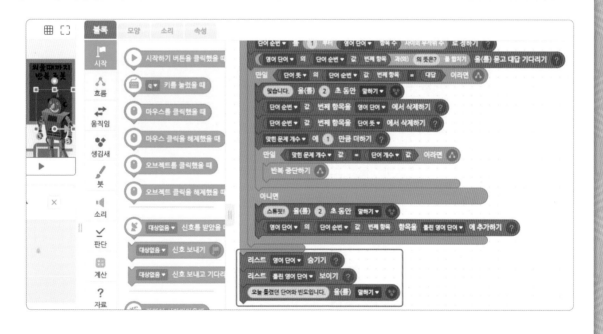

Chapter
22

학습목표 🌱

함수 : 핸드폰 대기 화면

- 복잡한 블록을 한 블록으로 모아서 간단하게 사용하는 함수에 대해 이해합니다.
- 한 번 만들어 두면 계속해서 필요할 때마다 불러다 사용할 수 있는 함수의 조립 방법에 대해 알아봅니다.
- 특정 움직임을 계속하는 오브젝트들이 무수히 많은 경우 지정된 함수를 사용하여 움직이게 하는 방법에 대해 알아봅니다.

• 예제 파일 : 22-1.ent   • 완성 파일 : 22-1(완성).ent

미션 문제 해결 과제 | 순차, 반복, 함수

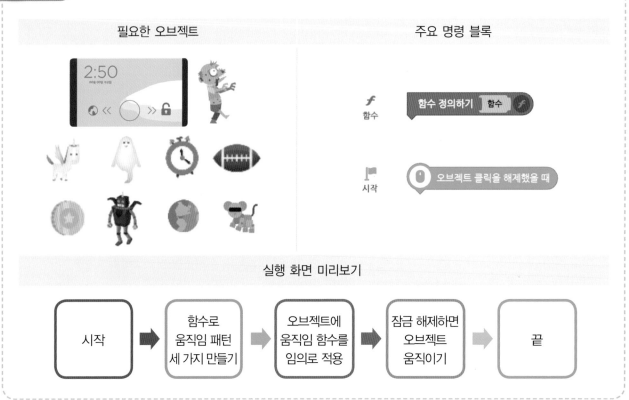

필요한 오브젝트

주요 명령 블록

𝑓 함수   함수 정의하기 `함수` 𝑓

🏳 시작   🚩 오브젝트 클릭을 해제했을 때

실행 화면 미리보기

시작 ➡ 함수로 움직임 패턴 세 가지 만들기 ➡ 오브젝트에 움직임 함수를 임의로 적용 ➡ 잠금 해제하면 오브젝트 움직이기 ➡ 끝

1 코딩하기

❶ '22-1.ent' 예제 파일을 불러옵니다. '지구' 오브젝트를 선택하고, [시작]의 오브젝트를 클릭했을 때 , [흐름]의 계속 반복하기 , [움직임]의 x: 0 y: 0 위치로 이동하기 를 연결합니다. 그리고 x 값에 [계산]의 마우스 x▼ 좌표 를 끼워 넣고, y 값을 '-70'으로 변경합니다.

❷ [흐름]의 만일 참 이라면 을 연결한 다음, [판단]의 10 > 10 을 끼워 넣습니다. 다시 왼쪽 칸에 [계산]의 네모로봇▼ 의 x좌푯값▼ 을 끼워 넣고, '네모로봇'을 '자신'으로 변경합니다. 그리고 오른쪽 칸은 '잠금 해제' 이미지의 x 위치 값인 '140'으로 변경합니다.

❸ 이어서 [시작]의  신호 보내기 와 [흐름]의 모든▼ 코드 멈추기 를 연결한 다음, 목록 단추(▼)를 클릭하여 '자신의'를 선택합니다.

❹ [속성] 탭의 [함수]에서 '함수 추가하기'를 클릭합니다. 함수를 만들 수 있는 영역으로 이동되면 '함수' 이름을 '천천히 움직이기'로 변경합니다.

❺ [흐름]의 계속 반복하기 , [움직임]의 이동 방향으로 10 만큼 움직이기 , 화면 끝에 닿으면 튕기기 를 연결하고 값을 '0.5'로 변경합니다. 그리고 확인을 클릭합니다.

❻ [속성] 탭의 [함수]에서 '함수 추가하기'를 클릭합니다. 함수를 만들 수 있는 영역으로 이동되면 '함수' 이름을 '빠르게 움직이기'로 변경합니다.

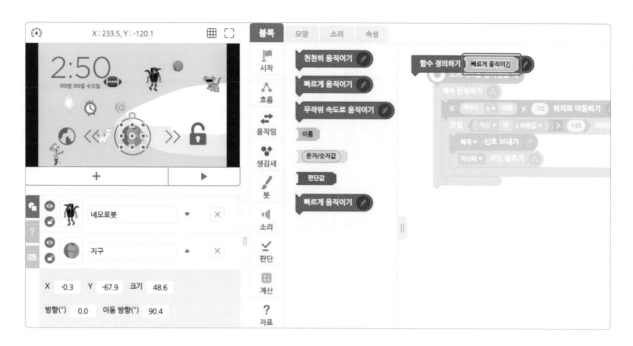

❼ [흐름]의 ![계속 반복하기], [움직임]의 ![이동 방향으로 10 만큼 움직이기], ![화면 끝에 닿으면 튕기기] 를 연결하고 값을 '2'로 변경합니다. 그리고 확인을 클릭합니다.

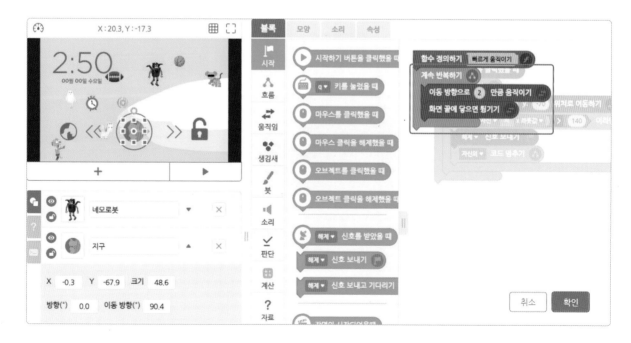

⑤에서 만든 블록을 복사해 두었다가 함수를 만들 때 붙여 넣을 수 있습니다.

❽ [속성] 탭의 [함수]에서 '함수 추가하기'를 클릭합니다. 함수를 만들 수 있는 영역으로 이동되면 '함수' 이름을 '무작위 속도로 움직이기'로 변경합니다.

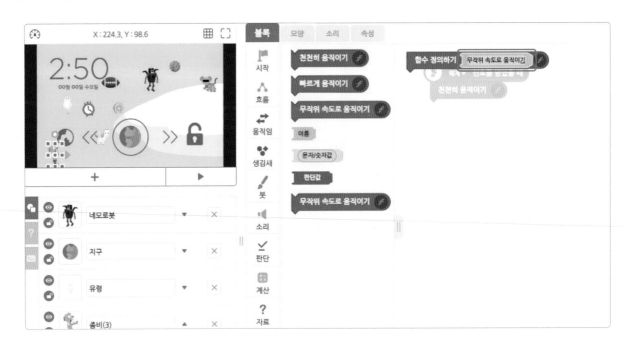

❾ [흐름]의 계속 반복하기 와 [움직임]의 이동 방향으로 10 만큼 움직이기 , 화면 끝에 닿으면 튕기기 를 연결하고, [계산]의 0 부터 10 사이의 무작위 수 를 가져다 넣습니다. 그리고 값을 '0.5'부터 '2' 사이로 변경하고 확인을 클릭합니다.

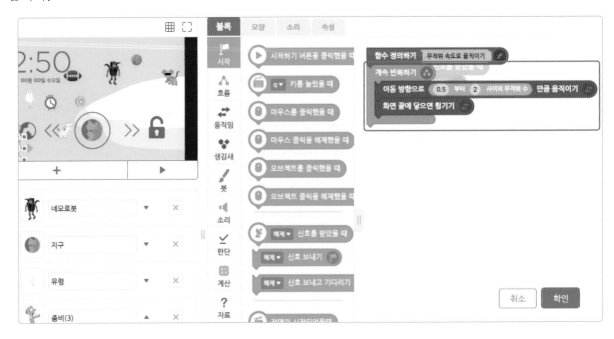

⓾ '좀비(3)' 오브젝트를 선택하고, **[시작]**의 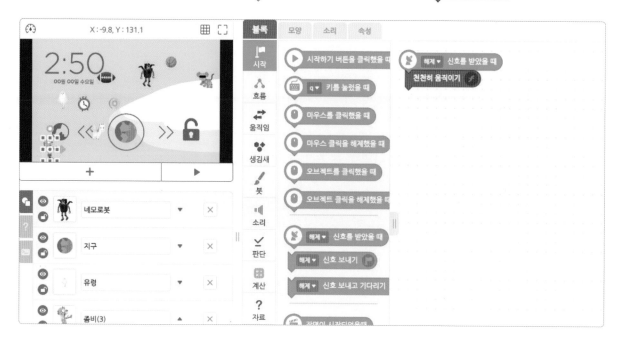 와 **[함수]**의 를 연결합니다.

⓫ 나머지 오브젝트들을 각각 선택한 후, **[시작]**의 와 , ,
 중 하나를 선택해서 연결합니다. 그리고 오브젝트들의 이동 방향이나 회전 방향을
화살표로 조정해서 다양한 방향으로 움직이도록 코딩합니다.

Chapter 22 더 만들어 보기

예제 1 예제 파일을 불러와 다음의 조건에 맞게 코딩을 완성해 보세요.

조건
① 다양한 '물고기'들이 바닷속을 여러 방식의 움직임으로 다니는 장면을 만듭니다.
② '도넛'을 마우스로 클릭하면 물고기들이 움직이기 시작합니다.
③ '도넛'을 따라다니는 '물고기'를 함수를 활용해서 만들어 봅니다.

• 예제 파일 : 22-2.ent • 완성 파일 : 22-2(완성).ent

예제 2 예제 파일을 불러와 다음의 조건에 맞게 코딩을 완성해 보세요.

조건
① 빠르게 움직이는 차와 느리게 움직이는 차를 함수로 만듭니다.
② 차가 차단기에 닿으면 멈췄다가 차단기가 열리면 다시 움직입니다.
③ 차단기에 차가 닿으면 차단기는 위로 올라갔다가 1초 후 내려옵니다.

• 예제 파일 : 22-3.ent • 완성 파일 : 22-3(완성).ent

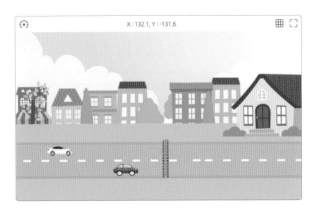
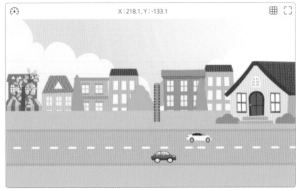

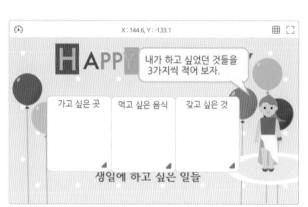

Chapter 23

함수 : 생일에 하고 싶은 일

학습목표

● 많은 내용의 리스트 자료를 입력하는 복잡한 과정을 함수 기능을 활용하여 간단하게 만드는 방법을 알아봅니다.

● 항목별로 다양한 리스트를 만들어서 다양하고 많은 자료를 입력하는 방법을 알아봅니다.

● 리스트에 입력된 내용을 글상자를 활용하여 원하는 문장으로 표현하는 방법을 알아봅니다.

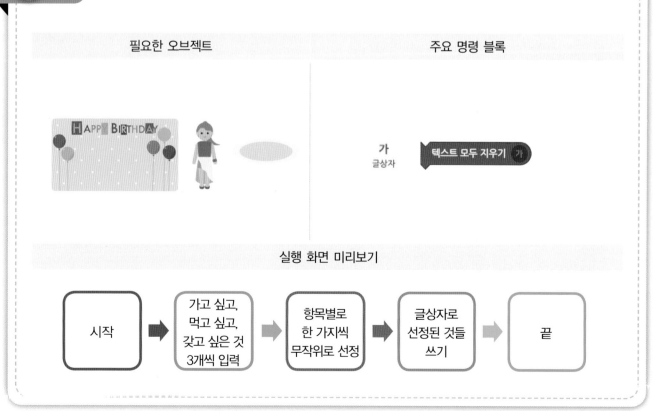

• 예제 파일 : 23-1.ent   • 완성 파일 : 23-1(완성).ent

미션 문제 해결 과제 | **순차, 반복, 변수, 함수**

필요한 오브젝트

주요 명령 블록

가
글상자

텍스트 모두 지우기 가

실행 화면 미리보기

시작 → 가고 싶고, 먹고 싶고, 갖고 싶은 것 3개씩 입력 → 항목별로 한 가지씩 무작위로 선정 → 글상자로 선정된 것들 쓰기 → 끝

❶ '23-1.ent' 예제 파일을 불러옵니다. [속성] 탭의 [리스트]에서 '리스트 추가하기'를 클릭하고, '가고 싶은 곳', '먹고 싶은 음식', '갖고 싶은 것' 리스트를 추가합니다. 그리고 다음 그림과 같이 리스트의 크기와 위치를 지정합니다.

❷ [속성] 탭의 [함수]에서 '함수 추가하기'를 클릭합니다. 함수를 만들 수 있는 영역으로 이동되면 '함수' 이름을 '가고 싶은 곳'으로 변경합니다.

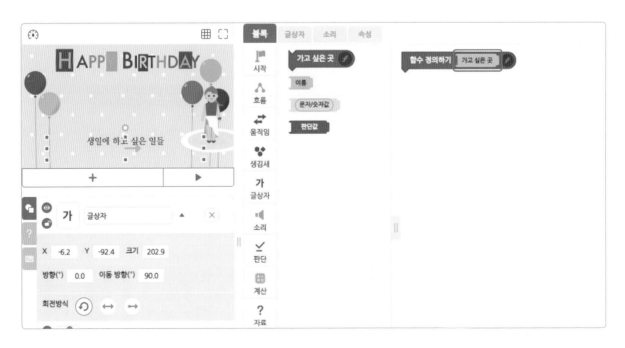

❸ [흐름]의 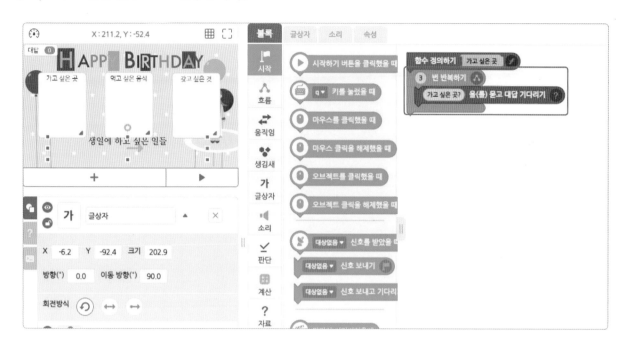를 연결하고, '3번'으로 변경합니다. [자료]의 를 끼워 넣고, "가고 싶은 곳?"으로 변경합니다.

❹ [자료]의 를 연결하고, [자료]의 을 가져다 넣습니다. 그리고 목록 단추(▼)를 클릭해서 '가고 싶은 곳'을 선택한 후, 확인을 클릭합니다.

❺ 이번에는 '먹고 싶은 음식' 함수를 만들기 위해서, [속성] 탭의 [함수]에서 '함수 추가하기'를 클릭하고 함수 이름을 '먹고 싶은 음식'으로 변경합니다.

❻ 이전의 ③~④ 과정을 반복해서 코딩을 하고, [자료]의  는 '안녕!'을 "먹고 싶은 음식은?"으로 변경합니다. 그리고  는 '먹고 싶은 음식'으로 변경하고 확인을 클릭합니다.

❼ 이번에는 '갖고 싶은 것' 함수를 만들기 위해서, [속성] 탭의 [함수]에서 '함수 추가하기'를 클릭하고 함수 이름을 '갖고 싶은 것'으로 변경합니다.

❽ 이전 ③~④ 과정을 반복해서 코딩을 하고, [자료]의 [안녕! 을(를) 묻고 대답 기다리기 ?] 는 "갖고 싶은 것은?" 으로 변경합니다. 그리고 [10 항목을 갖고 싶은 것 ▾ 에 추가하기 ?] 는 '갖고 싶은 것'으로 변경하고 확인을 클릭합니다.

❾ '무용수' 오브젝트를 선택하고, [시작]의 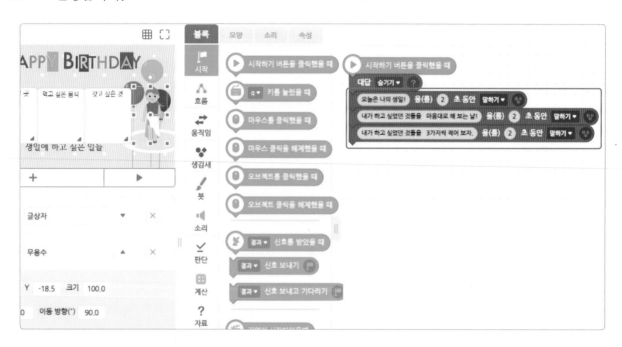 (▶ 시작하기 버튼을 클릭했을 때)와 [자료]의 (대답 숨기기 ▼ ?)를 연결합니다. 그리고 [생김새]의 (안녕! 을(를) 4 초 동안 말하기 ▼)를 3개 연결하고, "오늘은 나의 생일!", "내가 하고 싶었던 것들을 마음대로 해 보는 날!", "내가 하고 싶었던 것들을 3가지씩 적어 보자.", 시간은 '2초'로 변경합니다.

❿ [함수]의 (가고 싶은 곳 ），(먹고 싶은 음식 ），(갖고 싶은 것)을 순서대로 연결합니다. [속성] 탭의 [신호]에서 '결과' 신호를 추가하고, [시작]의 (결과 ▼ 신호 보내기)를 연결합니다.

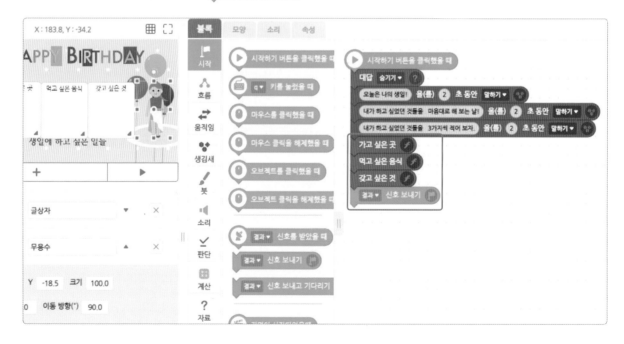

⓫ 　+　 버튼을 클릭하고 [글상자] 탭을 선택한 후, "생일에 하고 싶은 것들"을 입력하고 [적용하기]를 클릭합니다. [시작]의 결과▼ 신호를 받았을 때 , [글상자]의 텍스트 모두 지우기 가 , 엔트리 라고 글쓰기 가 를 연결하고, '엔트리'를 '나는∨(한 칸 띄기)'으로 변경합니다.

⓬ [글상자]의 엔트리 라고 뒤에 이어쓰기 가 블록을 두 개 연결합니다. 첫 번째 '엔트리'에 [자료]의 갖고 싶은 것▼ 의 1 번째 항목 을 가져다 넣은 후, 목록 버튼(▼)을 클릭하여 '가고 싶은 곳'으로 변경합니다. 그리고 [계산]의 0 부터 10 사이의 무작위 수 를 가져다 넣고, '1'부터 '3'으로 변경합니다. 두 번째 블록은 '∨(한 칸 띄기) 가서, ∨(한 칸 띄기)'라고 변경합니다.

⑬ [글상자]의 `엔트리 라고 뒤에 이어쓰기 가` 블록을 두 개 연결합니다. 첫 번째 '엔트리'에 [자료]의 `갖고 싶은 것 ▼ 의 1 번째 항목`을 가져다 넣은 후, 목록 버튼(▼)을 클릭하여 '먹고 싶은 음식'으로 변경합니다. 그리고 [계산]의 `0 부터 10 사이의 무작위 수`를 가져다 넣고, '1'부터 '3'으로 변경합니다. 두 번째 블록은 'V(한 칸 띄기) 먹고, V(한 칸 띄기)'라고 변경합니다.

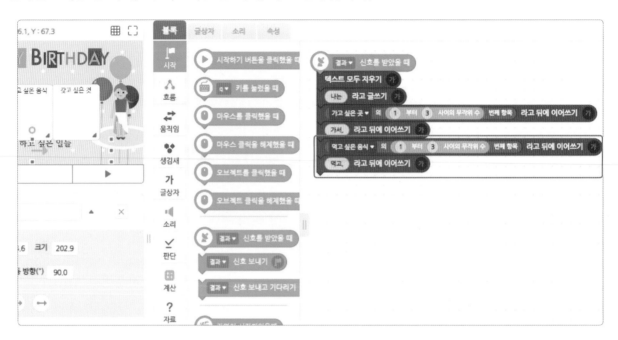

⑭ [글상자]의 `엔트리 라고 뒤에 이어쓰기 가` 블록을 두 개 연결합니다. 첫 번째 '엔트리'에 [자료]의 `갖고 싶은 것 ▼ 의 1 번째 항목`을 가져다 넣은 후, 목록 버튼(▼)을 클릭하여 '갖고 싶은 것'으로 변경합니다. 그리고 [계산]의 `0 부터 10 사이의 무작위 수`를 가져다 넣고, '1'부터 '3'으로 변경합니다. 두 번째 블록은 'V(한 칸 띄기) 사야지!'라고 변경합니다.

더 만들어 보기

예제 1 예제 파일을 불러와 다음의 조건에 맞게 코딩을 완성해 보세요.

조건
① 식단을 만들기 위해 밥, 국, 반찬을 세 가지씩 입력합니다.
② 무작위로 선정된 식단을 발표합니다.
③ 식단이 발표될 때 리스트는 보이지 않습니다.

• 예제 파일 : 23-2.ent • 완성 파일 : 23-2(완성).ent

예제 2 예제 파일을 불러와 다음의 조건에 맞게 코딩을 완성해 보세요.

조건
① 누가, 언제, 어디서, 무엇을 했는지 알려 주는 인공 지능 뉴스를 만듭니다.
② 항목별로 다섯 가지 기사 내용을 입력하며, 입력하는 항목의 리스트만 보이게 합니다.
③ 항목별 다섯 가지를 무작위로 선정해서 기사로 만듭니다.

• 예제 파일 : 23-3.ent • 완성 파일 : 23-3(완성).ent

재미 up 창의력 up

즐거운 코딩 ⑧
척척 계산 로봇

 다음의 조건을 이용해 코딩을 완성해 보세요.

① 변수, 리스트, 함수를 활용하여 학생 이름, 국어 점수, 영어 점수를 입력합니다.

② 입력된 점수를 합산하여 과목수로 나누어 학생들의 평균 점수를 계산합니다.

③ 학생들의 평균 점수를 구한 함수를 이용하여 반 평균점수를 계산하고 알려 줍니다.

• 예제 파일 : 24-1.ent   • 완성 파일 : 24-1(완성).ent

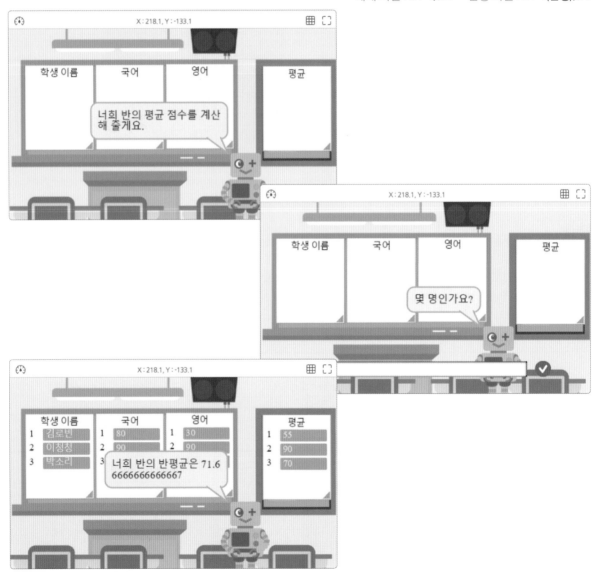

⭐ 코딩 이야기

❶ '순서', '인원', '평균', '반평균' 변수와 '학생 이름', '국어', '영어', '평균' 리스트를 추가합니다. 그리고 변수만 실행 화면에 보이지 않도록 코딩합니다.

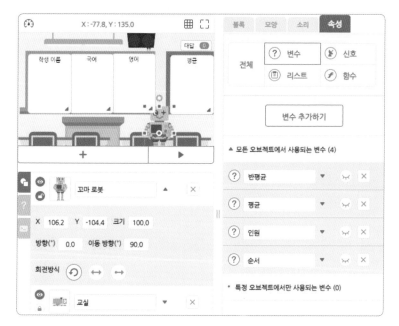 

❷ '꼬마로봇' 오브젝트를 선택한 후, 안내의 말과 함께 반 인원이 몇 명인지 물어보고 '인원' 변수로 정하도록 코딩합니다.

CHAPTER 24 즐거운 코딩 ❸ _ **163**

❸ 학생 인원만큼 이름을 입력하면, '학생 이름' 리스트가 추가되는 '이름' 함수가 완성되도록 코딩합니다.
같은 방법으로 '국어'와 '영어' 점수를 입력할 수 있도록 코딩합니다.

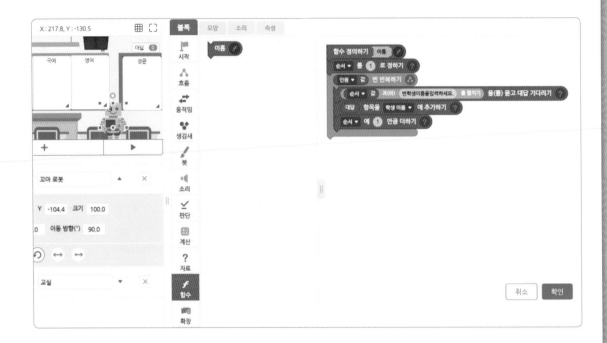

❹ '평균' 함수를 만들어서 학생별로 평균을 구하고, '평균' 리스트에 추가되도록 코딩합니다.

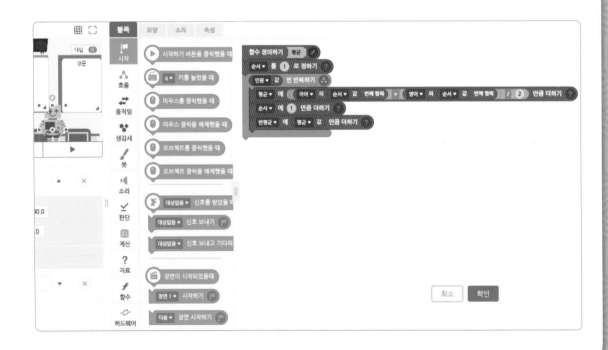

❺ 학생별로 구한 평균을 더한 후, 그 합을 학생 인원으로 나누어 반평균이 구해지도록 코딩합니다.

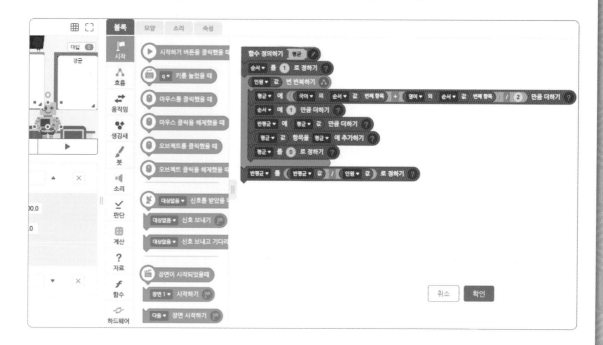

❻ 반평균 값을 알려 주도록 코딩합니다.

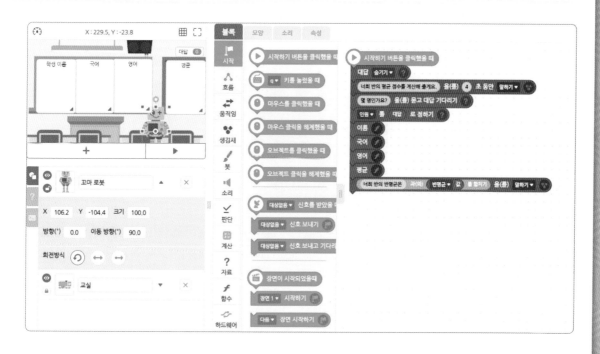

엔트리 블록 카탈로그

시작

시작하기 버튼을 클릭했을 때

q ▼ 키를 눌렀을 때

마우스를 클릭했을 때

마우스 클릭을 해제했을 때

오브젝트를 클릭했을 때

오브젝트 클릭을 해제했을 때

대상없음 ▼ 신호를 받았을 때

장면이 시작되었을때

대상없음 ▼ 신호 보내고 기다리기

대상없음 ▼ 신호 보내기

장면 1 ▼ 시작하기

다음 ▼ 장면 시작하기

흐름

2 초 기다리기

10 번 반복하기

계속 반복하기

참 이 될 때까지 ▼ 반복하기

만일 참 이라면

만일 참 이라면 / 아니면

반복 중단하기

모든 ▼ 코드 멈추기

참 이(가) 될 때까지 기다리기

복제본이 처음 생성되었을때

모든 복제본 삭제하기

자신 ▼ 의 복제본 만들기

처음부터 다시 실행하기

이 복제본 삭제하기

움직임

이동 방향으로 10 만큼 움직이기

화면 끝에 닿으면 튕기기

x 좌표를 10 만큼 바꾸기

y 좌표를 10 만큼 바꾸기

2 초 동안 x: 10 y: 10 만큼 움직이기

x: 10 위치로 이동하기

y: 10 위치로 이동하기

x: 0 y: 0 위치로 이동하기

2 초 동안 x: 10 y: 10 위치로 이동하기

엔트리봇 ▼ 위치로 이동하기

2 초 동안 엔트리봇 ▼ 위치로 이동하기

방향을 90° 만큼 회전하기

이동 방향을 90° 만큼 회전하기

2 초 동안 이동 방향 90° 만큼 회전하기

90° 방향으로 10 만큼 움직이기

2 초 동안 방향을 90° 만큼 회전하기

엔트리봇 ▼ 쪽 바라보기

방향을 90° (으)로 정하기

이동 방향을 90° (으)로 정하기

생김새

모양 보이기

모양 숨기기

안녕! 을(를) 4 초 동안 말하기 ▼

안녕! 을(를) 말하기 ▼

다음 ▼ 모양으로 바꾸기

엔트리봇_걷기1 모양으로 바꾸기

색깔 ▼ 효과를 10 만큼 주기

색깔 ▼ 효과를 100 (으)로 정하기

크기를 100 (으)로 정하기

효과 모두 지우기

크기를 10 만큼 바꾸기

상하 모양 뒤집기

좌우 모양 뒤집기

맨 앞으로 ▼ 보내기

말하기 지우기

붓

도장찍기

그리기 시작하기

그리기 멈추기

붓의 색을 ■ (으)로 정하기

붓의 색을 무작위로 정하기

모든 붓 지우기

붓의 굵기를 1 만큼 바꾸기

붓의 굵기를 1 (으)로 정하기

붓의 투명도를 10 % 만큼 바꾸기

붓의 투명도를 50 % 로 정하기

memo